猶太人大智慧

林郁◎主編

前言

兩位猶太教的拉比在交談——

「智慧與金錢，哪一樣更重要？」

「當然是智慧更重要。」

「既然如此，有智慧的人為何要為富人做事呢？而富人卻不為有智慧的人做事？大家都看到，學者、哲學家老是在討好富人，而富人卻對有智慧的人露出狂態呢？」

「這道理很簡單啊！有智慧的人知道金錢的價值，而富人卻不懂得智慧的重要呀！」

拉比的說法不能說沒有道理，知道金錢的價值，才會去為富人做事，而不知道智慧的價值，才會在智者面前露出狂態。但笑話明顯的調侃意味又體現在哪裡呢？

就體現在這個內在悖謬之上：

有智慧的人既然知道金錢的價值，為何不能運用自己的智慧去獲得金錢呢？知道金錢的價值，但卻只會靠為富人作事而獲得報酬。這樣的智慧又有什麼用，又稱得上什麼智慧呢？

相反，富人沒有學者之類的智慧，但他卻能駕馭金錢，卻有聚斂金錢的智慧，卻有通過金錢去役使有智慧的學者的智慧——這才是真正的智慧。有了這種智慧，沒錢可以變成有錢，沒有「智慧」可以變成有「智慧」，這樣的智慧不是比金錢，同時也比「智慧」更重要嗎？

兩千多年以來，猶太人屢屢作為精明、貪婪、吝嗇的人格化形象出現於文學、戲劇和其他民族的諺語之中。猶太人同錢似乎結下了不解之緣，某種程度上可以說猶太人與錢互為象徵。事實上，有關猶太人擁有巨額財富從而可以控制整個世界的經濟的說法，卻一直盛傳不衰！但猶太人除了金錢之外，在亡國流散於世界各地的兩千多年以來，其不被消滅，不被同化，還能建立新的國家，這在世界歷史上是絕無僅有的！這等優秀的民族，豈是只能以「金錢動物」來衡量？

世界各國各民族中都不乏精明之人，這是毫無疑義的，雖則相互比較起來自然還有個程度的不同，但對精明本身的態度卻大不一樣。中國人不可謂不精明，能精明到發明「大智若愚」的程度，可以說精明已臻於極境，然而，正是從「大智」需要「若愚」可以反窺出在中國人的心態中，精明是一種適宜於在陰暗角落中生存的物種，中國人的典故中多的是「聰明反被聰明誤」的訓誡，共同反映出「精明」在中國文化心態中多多少少有點像個丑角，而猶太人則大大不同——它是主角！

猶太人不但極為欣賞和器重、推崇精明，而且是堂堂正正的欣賞、器重、推崇，就像他們對錢的心態一樣。在猶太人的心目中，精明似乎也是一種自在之物，精明可以「為精明而精明」的形式存在。這當然不是說，精明可以精明得沒有一點實效，而是指除了實效之外，其他的價值尺度一般難以用來衡量精明，精明不需要掩掩遮遮，精明可以堂而皇之拿上枱面，憑這種理性的思維，猶太人被列為優秀的民族就可當之無愧！

猶太人熱中於賺錢，這是人所皆知的事！

不同的是，猶太人對賺錢始終保持一種「平常心」，也就是始終把賺錢看作是一件極為平常、極為正常的事，既沒有對錢敬之如神，也沒有惡之如鬼，更沒有又想要錢又羞於碰錢，伸手拿錢之際眼睛卻故意飄向別處。

錢乾乾淨淨、平平常常，賺錢堂堂正正、大大方方。以這樣的心境，猶太人賺錢時就出奇地隨意自在，理所當然。

猶太格言——世上最沉重的東西是什麼？囊空如洗的荷包是也。以及——塞滿物品的袋子固然很重，囊空如洗的袋子更重。

有關金錢方面的猶太格言和諺語，真是不勝枚舉——

・金錢乃人生大事也。

・有錢未必美滿幸福，沒錢卻是百事悲哀。

・錢、錢、錢。如果沒錢的話，我們就要活不下去。

・錢、錢、錢——《聖經》普照光明，金錢投以溫暖。

・世上有三大要事：錢、錢、錢——此言如何？

・金錢十分重要——錢無論怎麼骯髒，終究也是去污的肥皂。

・金錢強而有力——錢幣聲響，惡言即止。

- 金錢再多也不嫌重——覺得荷包沉重難負者，未曾有之。
- 《塔木德》如是說——軀體靠心，心靠荷包。
- 看不起錢的人，也會被錢拋棄。

總之，錢是好東西，莫要擺出一副假道學面孔，嫌棄金錢骯髒，說它腐化人心使人墮落。其實比起金錢，人乃高高在上，豈可淪為因錢而墮落的懦弱者？

本書以猶太人在世界各地流散逃難的長遠過程中，融合並吸收了其他民族的智慧精髓，用來開創自己的生存空間。以融合和實踐各民族優秀之智慧為基礎，猶太人在生存、處世、生活、財富、經商、談判、婚姻、教育、信仰、幽默等方面創造並發展成屬於自己獨特又非凡的猶太智慧。這就是猶太民族發展過程中最為偉大、最為神奇的力量。

CONTENTS

Lesson 01 生存智慧

Lesson 02 處世智慧

Lesson 03 生活智慧

Lesson 04 財富智慧

Lesson 05

經商智慧

Lesson 06 談判智慧

Lesson 07 婚姻智慧

Lesson 08

教育智慧

Lesson 09

信仰智慧

Lesson 10

幽默智慧

Lesson 01

生存智慧

在猶太民族的生存史上，無處不飛揚著血淚、流浪和苦難，但這並沒有摧毀他們生存的希望。相反地，他們用不屈不撓的意志力延續著生命之火，用超凡的智慧獲得更大的生存空間和機遇；他們是世上最優秀的民族！

1 不斷超越自我

《塔木德》上記載：

「超越他人，不能算真正的超越；超越以前的自己，才是真正的超越。」—在猶太人看來，人有兩個生命：一個是來自父母，一個是自己創造的。如果我們要賦予生命的實質內涵，只能依靠自己的創造力。而舊有習性卻束縛著創造力。要獲取創造力，只能憑自己的意志和毅力來超越這種舊習性。

有一對父子，兩人都是教會的拉比。父親性格溫和，事事考慮周詳，頗得教區人士的好評；而他的兒子個性上卻有點孤僻與傲慢，人緣因此不佳，一直沒有什麼成就。

有一天，做兒子不禁對父親抱怨了起來。

「父親，為什麼佈道解惑，人人都找你，卻不要我！」

老拉比說：「孩子，身為拉比，我們之間的區別是：當有人向我請教律法上的困難問題時，我給他回答。提問人提的問題以及我的回答，他和我都滿意；但是，若有人問你問題，則雙方都不滿意——你的提問人不滿意，是因為你說他的問題不是問題；你不滿意，是因為你不能給他一個好的答案。所以，你不能怪別人而必須檢討自己，如果你能放下現在的身段，改變它，勝過現在的自己，如此才能成功。」

「父親，你是說我必須超越自己？」

「是的。」父親回答：「能夠超越今日之我的人，才是真正成功的人。」

能不斷超越自己的歷史傳統，融入了猶太人的血液之中。所以，猶太民族成為世界上最積極最力爭上游的民族。

道理很簡單：如果勤勞自勉，藉以超越自己，那麼，總有一天，就會自然而然地超越了別人。人一定要把握住自己的內在動力，藉以超越自己，才能不斷地鞭策自己前進，而不因一時的懈怠或暫時的成功，失去繼續努力向前的動力。

若想超越自我，就要打破現有的狀態，敢於向未知的領域挺進，也就是具有冒險犯難的精神。正如猶太裔的大科學家愛因斯坦所說：「一個人必須經常思考新事物。否則，他和機器就沒什麼兩樣。」

猶太人認為，超越自己，一天都不能放鬆。必須儘量學習不同的事物，將它們組合起來，才會產生新的智慧和洞察力。這些不同的事物相互影響之後，往往會有許多新的創見。每個人都有與生俱來的創造力。只不過，有些人通過堅持不懈的學習，把它發揮了出來。更多的人則因為懈怠，讓這種才能荒廢了。

保羅．紐曼的故事，很能說明猶太人如何打破舊有的生活狀態。

保羅．紐曼是美國著名的影星，他有傑出的表演才能和先天的強健體魄。他是銀幕上的男性偶像。他主演了許多影片，例如，著名的《虎豹小霸王》、《刺激》以及《非法正義》等等，均獲觀眾好評。他曾五次被提名為奧斯卡金像獎最佳男主角。一九八七年他60歲，終於在第六次提名時，以《金錢本色》榮膺奧斯卡最佳男主角，圓了自己四十年來電影最高榮譽的夢。此外，他還是出色的導演。他在電影上的成就，為他贏得了聲譽和財富，他成了一位富有的藝術家。

保羅．紐曼（一九二五～二〇〇八年）是出生於美國的猶太人。他的父親是一位小商人；母親喜歡音樂、藝術。他大學畢業後，曾留在父親的商店工作，後來又接班成為老闆。他很喜歡表演。本來做一個猶太商人，他也可以成功。可他不滿足於日復一日埋沒於平淡的生意。於是，在周遭不解和懷疑的目光注視下，他毅然賣掉了雜貨店，一心一意投身到演藝界。保羅・紐曼從商人到藝人的跨越，使其在新的領域內贏得了更大的成功，開掘了自己表演上的天賦。

但是，保羅・紐曼的超越自我還沒有完結。一九八二年，一個偶然的機會，使他接觸到了一種新的食品。這種新玩意是拌麵條用的醬汁，味道非常好。曾經經商的他看到了其中蘊藏的商機。於是，他與朋友合作，投資了數十萬美元，開發這種食品，並成立了「保羅・紐曼食品公司」。就這樣，他又開始了從藝人到企業家的超越。然而，他也是個慈善家，他將食品公司所持的股份紅利全部捐給慈善機構，到二〇〇七年為止，共捐出二億二千萬美元，在影壇上幾乎沒人超過他的善舉。

保羅・紐曼從商人到演員直到天王巨星，又從天王巨星到企業家再到食品大王，他的人生之路告訴世人，只有不斷地超越自我，不斷地讓自己在新的生活和環境中迎接挑戰，才能保持住生命不滅的創造力，最大限度地發掘自己的潛力。

2 逆境是一種過程

逆境是一種過程，猶太民族具有罕見的向逆境挑戰的勇氣和毅力。它既是這個民族的獨特性格，也是使其生存至今的重要因素。

自從猶太民族誕生，災難和痛苦便緊緊追隨著這個族群的腳步。在充滿憂患的猶太民族史中，每個猶太人心中都潛藏著一份濃得無法化解的憂患意識。

正是這種憂患意識塑造了猶太民族不可動搖的信念：相信明天，相信努力奮鬥會帶來光明的結局。

猶太人喜歡對自己說：「我們必須勇敢，並且要充分利用自己所具有的優良素質；為了活下去，為了生存，我們必須認識自己，必須行動；我們最大的敵人便是恐怖、謹慎、懦弱和膽怯。」

這種生存意志正是猶太人苦難人生中生生不息，進取不斷的智慧之源。

猶太女作家葛蒂瑪無疑是猶太民族的驕傲。她在一九九一年以長年揭發種族隔離之罪惡的立場，獲得諾貝爾文學獎。然而，這份榮譽是她用了40年的心血和汗水澆鑄的。這當中，她多次面臨困厄與失敗。但她從不沉淪，毫不氣餒。40年的風風雨雨，那是一段漫長的苦難鑄就的難忘之回憶。

一九九一年十月三日，一個平淡無奇的日子。但是，這一天對於南非籍猶太女作家葛蒂瑪來說，是非同尋常的一天。這一天，她獲得瑞典學院的通知，她是本年度的諾貝爾文學獎的得主。

這塊文學金牌勾起她一段難忘的回憶……

葛蒂瑪於一九二三年十一月二十日出生於約翰尼斯堡附近的小鎮——斯普林斯鎮。她是猶太移民的後裔，母親是英國人，父親是珠寶商。富裕的家庭生活造就了小葛蒂瑪無限的憧憬和遐想。

六歲那一年，她撫摸和凝視著自己纖細而柔軟的軀體，做起了當一位芭蕾舞演員的夢。她從劇院裡得知，舞蹈生涯最能淋漓盡致地表現人的修養和思想情感，感覺到這也許就是她追求的事業。於是，一個陰雨連綿的星期六，她報了名，加入了小芭蕾劇團的行列。

事與願違。由於體質太弱，她對大活動量的舞蹈並不適應，時不時一些小病小災糾纏著她不放。久而久之，小葛蒂瑪被迫放棄了對這項事業的追求。遺憾之餘，這位倔強的女性暗暗發誓：「條條大道通羅馬，我終究要找到一條適合自己的成功之路。」

然而，命運不但不賜福給她，反而把她逼上越發痛苦的深淵。八歲時，她又因患病，離開了學校，中斷了童年時的學業。夜晚，她常常流著無奈的淚盼著天明。她只好終日躺在床上了。

一個明媚的夏日，心煩意亂又十分孤獨的葛蒂瑪偷偷地走上大街。她想從車水馬龍的街面上獲取一點快樂。突然，她被一塊不大不小的木牌所吸引，久久不願離開：「斯普林斯圖書館！」早已將學校課本讀熟的她，最渴望的莫過於書。

此後，她一頭扎進了這家圖書館，整日泡在書堆裡。圖書館下班鈴響了，她卻一頭鑽到桌子底下；等圖書館的大門確實鎖上了，她才鑽出來。在這自由自在的王國裡，她盡情而貪婪地吸吮著知識的營養。

就這樣，經過無數個日夜，引導她對文學產生了濃厚的興趣。終於，她那嫩弱的小手拿起了筆，一股股似噴泉一樣的情感流淌到了白紙上。那年，她剛剛九歲，文學生涯就此開頭。

出人意料的是，十五歲時，她的第一篇小說在當地一家文學雜誌上發表了。誰也不知道這篇小說竟出自一位未成年的少女之手。

一九五三年，葛蒂瑪的第一部長篇小說《虛妄年代》問世。小說以優美的筆調，深刻的思想內涵，轟動了當時的文壇。戲劇界、文學界幾乎同時將關注的目光投向這位非同一般的女作家——娜汀・葛蒂瑪。

像一匹脫韁的野馬，葛蒂瑪的創作一發不可收拾。漫長的創作生涯，她相繼寫出了十五部長篇小說和二十一短篇小說集，五部散文集與一部劇本。

多產伴著上等的質量，使她連連獲獎：一九六一年，她的《星期五的足跡》獲英國史密斯獎；一九七四年，她又獲得了英國的另一種文學獎。

創作上的黃金季節，使葛蒂瑪越發勤奮刻苦。她說：「我要用心浸泡筆端，謳歌黑人的生活。」

滿腔的熱忱很快得到報答。她的《對體面的追求》一出版，就成為揚名之作，受到瑞典文學院的注意。

接著，她創作的《沒落的資產階級世界》、《陌生人的世界》等佳作，一九七九年她出版《柏格的女兒》反對種族隔離，被南非當局列為「禁書」。不過，她已輕而易舉地打入諾貝爾文學獎評選的角逐圈。

然而，就在她春風得意，乘風揚帆之時，一個浪頭伴一個漩渦，使她又幾經挫折——瑞典文學院幾次將她提名為諾貝爾文學獎的候選人，但每次都因種種原因，而未使她如願以償。

面對打擊，這位弱女子頗感失望。她曾在自己的著作的扉頁上，莊重地寫下：「娜汀・葛蒂瑪，諾貝爾文學獎——『失敗』」兩個字。

然而，暫時的失望並沒有影響到她對事業的追求，她一刻也未曾放鬆文學的創作。終於，她從荊棘闖出了一條成功之路。

3 成功離不開勤勉

猶太人認為，勤勉和成功互為表裡。常常有很多人因為勤勉而成功，卻很少發現因懶惰而成功的人。雖然勤勞並不一定能獲得成功，但無論如何，人們都要辛勤工作，因為這是導致成功的最基本條件。

遠古的人類升火，要花很長的時間去摩擦木頭或敲擊石頭；要吃果實，就爬到很高的樹上去摘。

因此，《聖經》中有兩句話——

「流淚撒種的，必歡呼收割。」

「那流著淚出去的，必要歡歡樂樂地帶禾捆回來。」

「成功和失敗都是習慣所養成的。」猶太人認為，勤勉或懶惰很少來自一個人的本性。很少有人一生下來就是辛勤的工作者，也很少有人是天生的懶蟲；大多數人的勤勉或懶惰都是後天的，是習性所致。此外，孩童時期的家庭環境，以及一個人所受的教育，也都有很大的影響。

勤勉有兩種：一種是外力強迫的勤勉，另一種是自覺自發的勤勉。

在貧窮的時代，猶太人面對勞動條件非常惡劣的環境，從事長時間的勞動，否則便無法維持生活。這是自發性的勤勉。

猶太人在埃及受奴役期間，曾經長時間從事田裡的工作，勞動量大得使人聽了都會打寒顫。但是，辛勤工作的結果，並沒有使他們的生活獲得改善，因為這些辛勤是由外力強迫所致。外力所強迫的勤勉，永遠無法獲得成功。

外力強迫的勤勉，對人自身決不會起什麼作用，因為一旦外力消失，這種勤勉就會蕩然無存。自發的辛勤較易產生自己所盼望的東西，從而逐步培養自己。久而久之，就能確立一個完完整整的自我。

在猶太人看來，懶惰只會使人一事無成。上帝和世人都將獎賞賜給勤勉的人。為此，猶太人的生存之道是培養勤勉的習慣。因為，這才是成功的關鍵。

4 「助人助己」的哲學

猶太人被迫離開棲身之處，歷經殺戮、驅逐、侮辱，四處流浪。他們之所以能在生活的惡風險浪中倖存下來，並且更加繁榮興盛，與他們那種「助人助己」的觀念分不開。助人助己的觀念是猶太人生存的一個重要的法寶。

猶太民族「助人助己」的觀念是根深柢固的。

猶太人認為，提供幫助是「富人的責任」，獲得幫助是「窮人的權利」。在長期流亡的艱苦歲月中，猶太富人往往自覺地替窮人掏腰包。接濟貧窮，在猶太人中成為一種社會習慣。哪怕是家無三餐的窮苦猶太人，也都保存著一個攢錢的小盒子，準備施捨給比他們更窮的人家。

猶太社團中必定有慈善機構，這些慈善機構都是靠著富裕的猶太人慷慨解囊維持。在每周不同的日子裡，窮苦的猶太學生分別到不同的猶太家庭中吃飯。這可以使這些學生安心讀書。

在新的移民社區中，猶太人雖然沒有嚴密的組織，但是，在很多地方，他們自行訂出兩條不成文的規定：每周聚會一次，或集體做禮拜，或開研討會、觀看電影、欣賞音樂等。在住宅的選擇上，也盡可能集中居住。這樣一來，發生意外時，便可以相互援助。

這種集體性的特色也體現著「助人助己」的觀念。猶太人正是利用這一觀念，獲取在各種艱難環境下，仍能生存的機會。

另外，猶太人對募捐也有一套斧底抽薪的好辦法，而這種辦法一直延續到今天，在各種慈善晚會中仍然繼續發揚光大。

猶太組織還常常採取一種更具共同體活動性質的募捐方法——按卡唱名法。這是一種規模較大的集中募捐方法。

「按卡唱名法」的一般形式是這樣的：募捐機構專門組織一次表彰宴會或社區的重要活動。在活動之前，有關組織已根據對可能捐款人的調查、以前的捐款情況和本次捐款的期望等等，預先準備好一系列捐款保證卡。應邀出席的來賓對此都是有所準備的。

當宴會氣氛正濃時，或者貴賓演講結束之後，活動主持人便按照已經準備好的名卡依次點名，當場要求捐款。

這種活動一般有一百到五百人出席，相互之間往往又彼此熟識，很容易給人造成一種「伙伴壓力」。為了不顯得自己小家子氣，捐款人一般都會心甘情願地竭其所能，慷慨捐贈，相互之間還會產生「攀比效應」。其結果，每次都能讓募捐單位「喜出望外」。

5 失敗也是成功的一部分

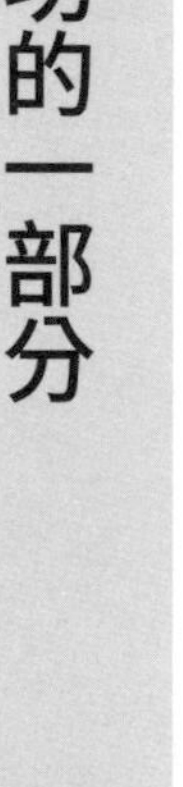

有一天，一位農夫彎著腰在院子裡鋤草。天氣很熱，他滿頭大汗，汗珠不停地順著臉頰淌下。

「可惡的雜草！假如沒有這些雜草，我的院子一定很漂亮。神為什麼要造這些討厭的雜草來破壞我的院子呢？」農夫這樣嘮叨著。

有一棵被拔起的小草正躺在院子裡，它很平靜地對農夫說：「你說我們可惡，也許你從來就沒有想過，我們也是很有用的。現在就請你聽我說個分明吧！我們把根伸進土中，等於是在耕耘泥土。當你把我們拔掉時，泥土就已經翻新過了一遍。此外，下雨時，我們防止泥土被雨水沖掉；乾涸時，我們能阻止強風吹起沙塵。我們是替你守衛院子的衛兵。沒有我們，你根本不可能享受種花、賞花的樂趣，因為雨水會沖走泥土，狂風會吹散泥土……所以，希望你在看到花兒盛開之餘，能夠想起一些我們的好處。」

農夫聽了這番告白，不禁肅然起敬。從此再也不曾瞧不起任何東西了。

猶太人強調，每一件東西都有其用處，各種事物的好壞在於人對它們的發掘、轉換、變化。好東西並不絕對地好，必定有些缺陷；壞東西也並不絕對地壞，必然有它自身的特殊用途。

人也是這樣。每個人都有堅強的一面，同時又有脆弱的一面。可是，在人們視為脆弱的那一面當中，也往往包含著許多有用的因素。逆境和順境、失敗和勝利也都如此。每個人其實都能有所作為，關鍵在於自身的努力與否。

猶太人不但紀念勝利的日子，也紀念敗北屈辱的日子。也許世人對這種做法會感到不解，甚至加以嘲笑和諷刺。但是，幾乎所有的猶太人都相信一句話：只要記住失敗那一天，就會產生強大的力量。

在猶太社會的紀念日中，最隆重的節日應該算是「逾越節」了。這一天，是整個猶太民族緬懷祖先，傾訴苦難，慶祝他們在上帝的關照下逃出埃及，從而擺脫奴隸困境，走向自由的節日。

《出埃及記》載：上帝耶和華命令摩西帶領猶太人從埃及出逃前夕，決定懲治多次背信棄義的埃及法老，以殺死埃及所有頭胎出生的人和牲畜的手段，欲迫使法老屈服。為了防止錯殺以色列人，耶和華讓摩西吩咐以色列人在尼散月十三日晚，家家殺羊吃烤肉，然後把羊血塗抹在自家的門楣和門框上。耶和華在尼散月十四日拂曉走遍埃及，在殺死埃及一切生物的同時，並殺死埃及人的長子，惟獨見門框上有羊血的人家便「逾越」過去。使以色列人全都安然無恙。法老懾於上帝的威脅，同意以色列人離開埃及。其後，耶和華吩咐：「這日將是你們的紀念日，要當作上主的節日慶祝；你們要世世代代過這節日，作為永遠的法規。」從此，以色列人為感謝上帝對他們的拯救，把每年尼散月十四日起的八天定為「逾越節」。

逾越節又稱除酵節。根據習俗，猶太人在逾越節期間，不能吃麵包和發酵的食品。這也與古代以色列人逃出埃及的歷史傳說有關。

《出埃及記》載：以色列人逃離埃及時，由於太過匆忙，沒有時間準備路上所需的麵包，所以他們把未烘烤和未發酵的麵團背在背上，靠太陽的熱力把它們烤成食品。其後，《聖經》中做出規定：猶太人在逾越節期間，只能吃未經發酵的麵餅，以此作為對古以色列人逃出埃及的紀念。因此，在逾越節除夕日，每個猶太人家裡都要搜個天翻地覆，以確保沒有任何發酵物留下來。

在逾越節的八天中，猶太人不吃麵包，只吃一種用麵粉製成，未經發酵的薄餅——「馬扎」。最初，逾越節與除酵節是兩個不同的節日，前者在尼散月十四日晚慶祝，後者從尼散月十五日開始慶祝，連續七天。後來，兩者才合併舉行。

聖殿時期，猶太朝聖者從全國各地步行到耶路撒冷，慶祝這個節日。他們用剛滿周歲且無殘疾的羔羊（逾越節的羔羊）獻祭。腰束帶子、手持棍杖的人們匆忙把烤熱的羔羊頭、腿、五臟全部吃光，同時吃無酵餅和野菜。

今日，依照習俗，猶太人在尼散月十五日全家相聚，吃一頓叫「西德爾」（意為「命令」）的逾越節家宴。這是逾越節最隆重的活動。正統的猶太家庭要使用一套專供逾越節使用的餐具。根據傳統，桌上要留一個空盤子，並為先知以利亞留一個酒杯。這個酒杯通常用玻璃杯或金屬杯，流行款式多為銅合金製成，其上刻有猶太傳統圖案。家宴上，每人喝四杯酒，開始和結束各一杯，席間兩杯，紀念猶太祖先在埃及所受的苦難以及在上帝的指引下，擺脫奴役，回到迦南的歷史事件。

家宴開始，身著白袍的家長舉杯為節日祝福。全家人喝第一杯酒，然後洗手。接著，家長把生苦菜和其它生菜蘸醋或鹽水，分給每一位用餐人，又將象徵古代逾越節中之供品羔羊的羊脛骨和煮雞蛋自特殊的逾越節家宴盤中取出。這些雞蛋象徵著猶太民族：煮的時間越長，雞蛋越硬，越難破碎。接著人人唱歌、朗誦禱文。

斟第二杯酒之後，家中最小的孩子要提出下列問題：「為什麼今晚與其它夜晚不同？為什麼只吃『馬扎』？為什麼吃生菜時要蘸鹽水？為什麼今晚倚著椅背吃？」然後，全家人依次誦讀《哈加達》，覆述《出埃及記》中有關猶太人擺脫奴役，獲得自由的故事，作為對上述問題的回答。回答完畢，喝第二杯酒。全家人再次洗手，分食「馬扎」和蘸有酒釀果醬的苦菜。然後開始上主菜。

主菜用畢，家中年幼者要找出事先藏起來的半塊「馬扎」，由全家人分食。這半塊「馬扎」象徵古代家宴時所食的逾越節羔羊肉。這時，斟第三杯酒，表示對上帝恩惠的感謝。全家人在齊誦《誦贊詩篇》聲中，將這杯酒一飲而盡。

接下來斟第四杯酒，同時將桌上保留給以利亞的杯子斟滿。打開家門，誦讀一段歡迎先知以利亞光臨的禱詞。據傳說，以利亞很可能突然出現在逾越節家宴上，預報彌賽亞（救世主）降臨的喜訊。飲完第四杯酒之後，所有盤子裡的食物都要吃淨。最後，家宴在「明年相聚於耶路撒冷」的祝詞中結束。

猶太人認為，所遇到的苦難愈艱困，敗北的次數愈多，就會愈堅強。逾越節上吃苦菜和未發酵的麵包，是為了回味祖先當時的苦難。

人生有成功，也有失敗，這是必然的。猶太人普遍對失敗持一種容忍、接受的態度。猶太人認為，如果一個人沉湎於成功的甜美，卻忘掉了失敗的苦澀，終有一天，他會再次嘗到失敗的苦果。因為成功會使人鬆懈，使人自滿；而失敗卻使人奮進。回味失敗，意味著不斷攀登成功的巔峰；捨棄失敗，即捨棄成功。

在猶太人看來，失敗並不能證明自己的無能。只要能夠自強不息，失敗將是一次難得的契機。不敢面對和承認自己的失敗，這才是真正的失敗。

猶太人面對失敗、挫折，確立忍耐致勝的法則是——

對「失敗」持正確健康的態度。不可恐懼失敗；必須懂得失敗乃是成功必經的過程，焦點不要對著過錯與失敗！應該對準遠大的目標，活用自己的過錯或失敗。遇到失敗時，千萬不能氣餒，要堅忍不拔，矢志不移。發現此路不通，要設法另謀出路，使自己順應環境，適應潮流。要善於伺機，巧於借勢，等待機遇。

6 苦難也是一筆財富

約瑟夫．賀希哈，這位股票世界常贏不輸的超人，正是這樣一個從貧民窟中走出來，善於忍受困境的勇者。

讓我們從賀希哈苦難的童年開始，追索他曾經走過的苦難歷程。賀希哈先生的故事將告訴人們該怎樣面對苦難，如何奮鬥；又該怎樣面對生活，回報社會。

一九〇八年五月，熊熊大火燒懵了八歲的小約瑟夫，也把他燒成了一個小乞丐。與母親和兄弟姊妹們賴以棲身的小房子只剩下斷壁殘垣，散發著縷縷青煙……兄弟姊妹們被別人領養走了。當一對老年夫婦要領養小約瑟夫的時候，他彷彿才從夢中驚醒：「就是當乞丐，我也要跟媽媽在一起！」小約瑟夫從小失去了父親，再不能離開母親了。

小約瑟夫不懂，為什麼有人享福，有人受苦。他也要去享福的世界，他要跨越那條低等和高等之間的鴻溝。

他來到紐約，回到母親的身邊。新鮮的世界讓從鄉野裡來的小約瑟夫目不暇接。他還沒看夠這個世界，就被母親帶到了和剛才完全不同的世界——位於紐約布魯克林區，那雜亂骯髒的貧民窟。

不久，一天下午，母親不幸被大火燒傷，住進醫院。她住的是亂烘烘的大病房。那些有鮮花、有地毯、有白衣天使特別護理的病房，母親無緣問津。飯店、食品店比比皆是，自己卻飢一頓、飽一頓，在垃圾桶裡找東西吃。這一切都只因為沒有錢。一聲鄙夷的「窮鬼」，刺痛了小約瑟夫的自尊心；一塊不重的餅乾，卻砸碎了小約瑟的心。他警醒了：沒有錢，永遠會被人看不起！

錢，錢，錢！金錢是旋轉世界的魔力。金碧輝煌的摩天大樓，低矮潮濕的貧民窟；歡樂幸福，沉重悲哀；慷慨大方，爾虞我詐；腦圓腸肥，瘦骨嶙峋……這一切對比，都和金錢有關。小約瑟夫暗暗發誓：決不再受金錢的奴役。

一九一一年春暖花開的季節，曼哈頓區百老匯街紐約證券交易市場熙熙攘攘。年僅十一歲的約瑟夫也在這裡穿梭著，看著，聽著，想著：一無所有，可以轉眼擁有百萬。他的血液在沸騰：「這裡才是我的天堂，我一定要加入這個行列！」

三年以後，十四歲的約瑟夫，個子已經長得好高了，腰寬背闊，從一個小男孩，長得已像個男子漢了。他沒有徵得母親的同意，就不假思索地辭掉了在當時看來很不錯的珠寶店小伙計的工作，雄心勃勃地向紐約證券交易所的露天市場進攻。年輕幼稚的他怎麼也沒想到，當時是第一次世界大戰剛剛開始的開始，紐約證券交易所一派冷冷清清，往日熱鬧非凡的景象已蕩然無存。

無奈之下，他只好重新找工作。但他決心要找一個與股票有關的工作。然而，沒有一家公司的大門向他打開。他幾乎快絕望了。就在他精神瀕臨崩潰，準備回家接受母親的責罵之際，依奎布大廈愛迪生留聲機公司終於露出了天使般溫柔的面龐。他做了辦公室的收發員，中午還兼任接線生。

小約瑟夫滿腔熱情地開始工作。不久，他發現，愛迪生留聲機公司雖然發行並經營股票，但他所從事的工作與之毫不沾邊。

終於，在上班六個月之後的一天上午，他鼓起萬分的勇氣，敲開了總經理辦公室的門，從容鎮定地走進去，大膽地迎著總經理由驚愕轉為咄咄逼人的目光，鎮靜地說：「我要做您的股票經紀人。」

膽量是股海衝浪的首要條件，小約瑟夫的膽量征服了總經理。兩個星期後，他開始為總經理繪製股票行情圖。從不熟悉到熟悉，小約瑟夫兢兢業業，繪製了三年的股票行情圖。為了多掙些錢貼補家用，他開始為華爾街勞倫斯公司做同樣的工作。耳濡目染和苦心鑽研，使他的炒股知識和經驗不斷增長著。他越來越成熟了，這個股市的門外漢終於踏進了股市的大門。

一九一七年，約瑟夫十七歲，他不再受僱於人。雖然傾其所有，但也僅有222美元，但是，他下決心開創自己的事業。

最初一年，約瑟夫炒股一帆風順，賺了十六萬八千美元。然而，他被勝利衝昏了頭，買下大量因戰爭結束而暴跌的鋼鐵公司股票，轉眼又賠得只剩下四千美元。

實踐證明，他自身的知識和經驗還不足以控制變幻莫測的股市。為此，他瘋狂地學習並遍訪各路股市高手。他沒有被困難嚇倒。

一九二四年，經過分析，小約瑟夫發現，未列入證券交易所買賣的某些股票實際上是有利可圖的。這些股票利潤雖然不算太大，但風險極小。於是，他把精力放在這些股票上。一開始，他資金不夠，就和別人合資經營。不到一年，他就開設了自己的證券公司——賀希哈證券公司。到一九二八年，他就成為股票大經紀人了，每月收益達28萬美元。那年他才28歲。在當時的金融業中，一個初出茅廬的小伙子能擁有這樣一方領地，並不多見。

之後，經濟危機迅速席捲了美國，又從美國蔓延到西歐，工農業生產下降了三分之一。美國的生意已經很難做了，今後的道路應該怎麼走？

約瑟夫隨之把眼光轉向礦產豐富的加拿大。一九三三年，他在多倫多開設了證券公司，成為當地屈指可數的大經紀人。四月，他與加拿大產業巨子拉班兄弟聯袂開設戈納爾黃金公司，以每股20美分的廉價取得該公司59萬8千股的上市股票。在他們的參與下，股價扶搖直上，三個月後漲至每股25美元。他見股價漲得過熱，料定會出現大的滑坡，遂悄悄賣出。果然不出他所料，一個月後股價大跌。他因先見之明，賺了130萬美元。

從一九三三到一九六三年的三十年間，約瑟夫不僅擁有了金礦，而且吞併了諸如鈾礦、鐵礦、銅礦、石油等礦產業。除此之外，他在房地產生意上也做得很紅火。他的事業蒸蒸日上，取得了輝煌的成就。憑著對股票生意的天賦，憑著對股票事業的執著，更憑著他的智慧和膽量，他實現了自己的願望，成為億萬富翁。

約瑟夫從衣衫襤褸的乞丐，成為擁有億萬的富翁，他並沒有忘記與自己長期合作，患難與共的夥伴，更未忘記生他養他，受盡苦難的母親。

他始終不能忘記自己曾經歷過的那段生活。因此，他向學校捐款，使貧窮人家的孩子得到受教育的機會；他向盲人醫院、孤兒院捐款，使殘疾人和無依無靠的孤兒活得更幸福。他特別喜歡資助那些貧窮而富有藝術才華的學生，使他們能夠全身心投入藝術之中。有人這樣做是為了贏得公眾的歡心，從而更有於利企業的發展。約瑟夫不是這樣，他不准下屬和捐贈單位張揚。他在追尋著自己年輕時代由於生活所迫而沒有上成大學的美好夢想。

他的事業並不只是賺錢，並不只是股票投機，他的慷慨大方卻悄無聲息的捐贈，他對藝術的熱情和對藝術人才的關愛，都是他人生價值的體現。人生價值的實現就是他的事業。從股票投機中獲取金錢是他實現人生價值的經濟基礎。沒有這個基礎，就談不上捐贈，也談不上追求藝術。他說：做股票投機，使他體會到生命的樂趣和生命火花的激盪，使他感覺到自己還年輕，還有敏捷的思維，可以和年輕人搏一搏。他說：一時的輸贏並不重要，重要的是自身個性的充分展現。

他有一句很瀟灑的話：「不要問我能贏得多少，而要問我能輸得起多少。」

從約瑟夫的傳奇經歷中，不難發現：通向財富的道路就在腳下。只要執著地追求，用心把握機會，果斷地運用自己的膽識，財富就會源源不斷地滾來。

7 每天都是第一天

中世紀的漫漫長夜使猶太人承受了太多苦難，「懺悔與救贖」似乎沒完沒了。「約書亞」的降臨就成為猶太人最珍惜的夢想。

猶太人指望世界末期將有約書亞降臨，拯救猶太民族和全人類。「約書亞」一詞為希伯來語音譯，原意為「救世主」。

自摩西時代起，凡是大祭司、君王、先知就任，都需要舉行一個在受封者頭上膏油的儀式，表明他們是由上帝遣派。

但從公元前五八六年猶太國被巴比倫滅亡前後開始，「約書亞」一詞被賦予一種特定的含義，同國家的復興聯繫起來。當時的先知認為，猶太之所以亡國，是因為猶太國人得罪了上帝，上帝藉外邦諸國對他們施加懲罰。但上帝不會永遠忘記他的子民，還會拯救他們。先知們預言，上帝將在適當的時候，派遣一位「救世主」

前來復興猶太國，拯救長期陷於水深火熱中的子民。

猶太人認為這位將要統治新世界的「約書亞」必出自大衛王的家族，他將使猶太人的國度恢復到大衛王時期的繁盛，用正義、公義和真理實行統治。「約書亞」將是一個真正有魅力的人，而不是一個神；他將是一位偉大的領袖（猶太教認為，沒有任何人可以成為上帝。同樣，上帝也不可能成為人）。

在近兩千年的大流散時期，世界各地的猶太人世世代代都盼望著「約書亞」降臨，以拯救他們脫離苦難的境地，掙脫異族的奴役。苦難越是深重，他們對「約書亞」出世的日子越盼得心焦。

約書亞的意識使猶太人獲得極大的安慰和精神力量。儘管沒有人能確切判斷救世主降臨的日期，但所有猶太人都時時刻刻充實自己，努力往上爬，以免救世主出現時，自己無顏以對。

為了時刻充實自己，使每個人為現在付出全部生命，拉比們告訴猶太人：「救世主是在世界末日來臨時才會到來。」

但是，誰也不知哪一天才是世界末日。所以，拉比們又告誡說：「你應該將每一天都當作最後一天般過你的生活。」

為了等待救世主約書亞的出現，《塔木德》也告誡猶太人：「今天便是第一天，也是最後一天。因此，必須為現在付出全部生命。」

基於此，所有的猶太教徒都篤信：人類的生活中，最重要的是第一天和最後一天。同時，他們又確認，對人類而言，每天都應該是第一天，因為每個人能在新的一天中有所創造、突破和發明。

這樣一來，猶太人便巧妙地把理想和現實結合起來，既追尋著理想的快樂世界，又不放棄當下的努力。

8 貧窮是一種力量

在猶太社會中，貧窮不會遭到白眼。猶太人認為，一個人年輕時應該窮一點比較好，因為貧窮可以敦促一個人奮發向上，從而獲致最後的成功。一個人只要擁有青春的活力，那麼，世界上再沒有比貧窮所引發的衝動力量更大的了。年輕時候的貧窮是應該感謝的，因為它帶來了努力和希望。

可是，到了中年以後，一個人若依然是一貧如洗，那就太悲慘了。因為，年輕耕耘，中年結果，乃理之必然。中年以後還貧窮，只說明你的耕耘方法和努力程度有問題。

對人類的幸福而言，貧窮是最大的敵人。想要在貧窮中保持精神上的獨立，以及自主的權利，那……幾乎是不可能做到的。

猶太社會中也有乞丐存在，人們對此一點也不大驚小怪。乞丐是神所允許的職業，他們是人們行善的對象。猶太乞丐有其特點：他們並不挨家挨戶行乞。猶太乞丐中，有許多人挺愛讀書，其中有些人竟然也通曉《塔木德》和《猶太教典》的內容與意義。

大概就因為這個緣由，《塔木德》中才有許多為窮人辯護的格言——

「不要看不起窮人。因為有很多窮人很有學問。」

「不要輕視窮人，他們的襯衫裡藏著智慧的珍珠。」

「這個世界有兩個轉動不息的輪子。今天的富人，明天就可能不再是富人；今天的窮人，明天也可能不再是窮人。」

從前有一個富人，他膝下一個孩子也沒有。

「我這麼多財富有什麼用？」他悲嘆道：「我的辛苦是為了誰？」

人們建議他用自己的錢給人一些慷慨的捐助。但他回答道：「不！我的錢只給喪失了一切信仰並對人生完全絕望的人。」

有一天，他看到一個衣衫襤褸的人躺在垃圾堆旁。

「這個人肯定已經對生活喪失希望了。」富人自言自語道。

他給這個人一百第納爾，並向這個人解釋，為什麼他被選中了。

「只有死人才對這個世界一無所求！」這個人叫道：「至於我，我信仰上帝！他能把我提升到新的境界，藉此幫助我。」他拒絕接受這一百第納爾。

富人失望極了。於是，他決定到墳場去，在墓地之間，把錢埋藏起來。

時光流逝，幾年過去了，富人失去了他所有的財產。出於急切的渴望，他跑到墓地，將自己所埋的錢挖了出來。

警察以為他是來盜墓的，就逮捕了他，把他帶到市長面前。

「你不認識我了嗎？」市長問他。

「我怎麼會認識像您這樣重要的人物呢？」富人答道。

「我就是那個你曾經認為對世界已絕望的人。你看，上帝記得我，我的命運改變了。」市長說。

9 不盲從權威的自由人

在猶太人的語言中，「希伯來」也有「站在與別人不同的地方」之意。換句話說，每個猶太人都有一塊可以獨自站立的地方。由此，他才能不盲從權威，也才能立足於社會。

在古代亞述、中國、埃及、希臘和羅馬等國家，都非常注重強而有力的王權。但猶太人認為，國王並非高高在上的強權者，而是擔負著保護其統治下的「人民之權利」的使命之人。

在猶太人的觀念中，王權始終是有所限制的。猶太人並不喜歡，也不願把他們的領袖視為偶像，連猶太民族中最偉大的領導者之一——摩西也不例外。

摩西是猶太歷史上一位偉大的領導者。在猶太人心中，摩西擁有崇高的地位。但猶太人並未視他為偶像。

《塔木德》中有許多鼓勵人們反抗權威的話語。其基本觀念在於：人必須脫離常軌，才能促進進步。換句話說，人不可以盲從權威。在猶太人看來，絕對的權威，必然導致絕對的腐化。

因此，猶太人認為，切不可造就出絕對的權威。

《塔木德》教人脫離常軌。而且，事實上，猶太人也從不迷信權威。例如，伽利略、喀布拉等人都曾向他們那個時代的天文學挑戰。愛因斯坦也是因為敢於脫離常軌，才能推動著人類歷史大步前進。

雖然猶太人不盲從權威，但在日常生活中，他們認為，一個人並不需要隨時向權威挑戰，只需適當地模仿他人的做法，服從社會的主流，就能過得很安樂。

要緊的是，切切不可一味地追隨任何人，以至於故步自封。一旦陷入盲從的境地，就不能算是一個自由人了。

10 永不氣餒的精神

「永不氣餒」是猶太人一項優良的傳統。在困難和挫折面前，他們從不退縮，迫害和殺戮也阻擋不了他們前進的腳步。

從羅馬帝國時代起，猶太人再一次被迫離開故土，流浪天涯。在漫長的流亡歲月中，猶太民族的特性、宗教、語言、文化、文學、傳統、曆法、習俗和智慧並沒有因這將近兩千年的悲慘漂泊史而分崩離析，他們至今仍然保持者自己民族的特色和凝聚力。千百年來，猶太人人才輩出，精英遍布世界。處境惡劣與成果卓著形成的強烈反差，是這個民族旺盛的生命意識和永不氣餒的進取精神最高度的反映。

羅伯特·巴拉尼是個著名耳科醫生的猶太人，年幼時患了骨結核病。由於家境不富裕，無法好好地醫治，導致他的膝關節永久性僵硬了。但是，他沒有因此喪失信心，反倒增強他生存下去和創大業的決心。他立志學習醫學。

歷盡艱苦，他終於學有所成。他對醫學研究精深，特別對耳科絕症有獨到的研究。他一生發表了184篇醫學科研究論文和兩本很有研究價值的論著《半規管的生理學與病理學》、《前庭器的機能試驗》。由於科研成果卓著，他獲得了所在國奧地利皇家授予的爵位。一九一四年，他因為研究內耳前庭而贏得諾貝爾生理學及醫學獎。可以說，這些榮譽和獎勵是對他的永不氣餒精神的一種報答。

再從以色列國看看猶太人所表現出的永不氣餒的精神。在這個國家，猶太人佔主導地位，佔全國人口的83％以上。

一九四八年，歷盡人間滄桑的猶太人在地中海東岸約2萬平方公里的土地上建立了以色列國。這是一個扎根於沙漠，自然條件極其惡劣的國家，全國國土有80∫90％是沙漠和荒丘，是有名的「不毛之地」。全國資源貧乏，淡水奇缺。但猶太永不氣餒，靠其民族那種頑強的生存意識和智慧，經過50多年的建國、創業，使這塊土地出現了舉世聞名的奇蹟。

「不毛之地」上的農業不僅使以色列國民自足自給，並成為該國出口創匯的重要組成部分。他們把荒丘和沙漠開發成良田，一九四九∫一九八四年間，共改造和開發出27萬2千公頃可耕地。缺少農業用水，他們便採用遠地引水技術和滴灌技術，開源節流，不但解決了用水問題，還成了世界農業用水技術的榜樣和先驅。以色列不但在農業方面闖出驕人的成績，工業等其它行業的發展也同樣非常顯著。

可見，永不氣餒之精神是催人奮進和獲取成功的法寶，是猶太人生存方面的一種致勝之道。永不氣餒的精神會產生自信，使潛在的力量得到發揮。把這種力量用在自己奮鬥的目標上，就可以排除萬難，堅持下去，終至擁抱成功。天生我才必有用，世上沒有真正的廢物，只有放錯地方的迷途者。

相反，如果缺乏永不氣餒的精神，輕易地自我菲薄，壓抑自我發展的思路和潛力，成功就會對你敬而遠之。

11 目標是前進的「馬達」

確立自己奮鬥的目標，就有了動力之源。在不斷探索和前進的人生歷程中，往往促使人們前進的「馬達」——是源自於對既定目標的追求和嚮往。

一九二一年諾貝爾物理獎得主愛因斯坦，他一生中所取得的成就，舉世所公認，他被譽為二十世紀最偉大的科學家。他的一生，即是為目標而奮鬥的典型。

愛因斯坦出生於德國一個貧苦的猶太家庭，家庭經濟條件不佳，而且小學、中學的學習成績平平。雖然有志於往科學領域進軍，但他有自知之明，知道必須量力而為。他進行自我分析：自己雖然總是成績平平，但對物理和數學特別有興趣，成績較好，只有在物理和數學方面確立目標才有出路，其它方面肯定不及別人。因此，進入大學時，他選讀了瑞士蘇黎世聯邦理工學院物理學專業。

由於目標選得準確，愛因斯坦的個人潛能得以充分發揮。他在26歲時就發表了科研論文《分子尺度的新測定》。其後幾年，他又相繼發表了4篇重要的科學論文，發展了普朗克的量子概念，提出了光量子除了具有波的特性之外，還具有粒子的特性，圓滿地解釋了光電效應，宣告「狹義相對論」的建立和人類對宇宙認識的重大變革，取得了前人未有的顯著成就。

愛因斯坦在物理學領域奮鬥目標的實現，與他能準確地選擇學習的路徑當然分不開。他在十六歲時就明白，知識的海洋浩瀚無邊，任何人都不宜在這片海洋中漫無方向地漂盪，以致耗費了人生有限的時光；每個人都應該選定一個對自己最大利的目標揚帆前進。

愛因斯坦善於根據目標的需要進行學習，使自己有限的精力得充分利用。他創造了高效率的「定向選學法」，即在學習中找出能把自己的知識引導到深處的東西，避開了使自己的頭腦負擔過重，會把自己誘離要點的一切事物，從而可以集中力量和智慧攻克選定的目標。

特別值得一提的是，愛因斯坦不但具有可貴的自知之明，而且對自己確立的目標矢志不移。

一九五三年，以色列第一任總統魏茲曼逝世。鑑於愛因斯坦科學成就卓越，聲名顯赫，加上他又是猶太人，以色列國會遂邀請他接受總統的職務。不過，他婉言謝絕，並坦然承認自己不適合擔任這一職務。

確實，愛因斯坦是一位偉大的科學家。這是他終生努力實現的目標。如果他當上總統，未必會有多大的建樹，因為他在這方面並未顯示出過人的才華，又未曾為此目標而努力學習（從政）。

猶太人不管是從商、從政。或從事科學事業，都注重先確立奮鬥的目標，然後全力以赴，以獲得成功。猶太人在確立目標中很注意切合個人的實際及環境，不會把自己的目標確立在可望而不可及的方向上。這就像愛因斯坦並沒有把自己奮鬥的目標確立在總統的位置上。即使經人推薦，他也不接受。

12 上帝隱藏的秘密

儘管猶太拉比們意識到保守祕密極度困難，但無論從私人意義上，還是職業上，他們都眾口一詞，強調對信任的重視。正如哈西德派拉比阿普塔所指出：即使在熟知某項祕密的人群之中私下提起這項祕密，也是品格低下的一種表現。

不論對象是朋友還是敵人，切不可傳播他們的私密。即使沉默令你周身不舒服，也千萬不要洩漏他人的祕密。因為一旦某人知道自己的祕密被洩漏了，他必然不再信任你，而且會抓住每個機會報復你。

面對祕密，最好的訣竅就是：讓它死在心中。不要恐懼，你不會因此而爆炸。否則，一個懷著祕密的傻瓜，必會像一個臨產的婦女般地痛苦。

據說，艾米拉比的某個學生洩漏了一場課堂上的祕密講座。於是，艾米拉比把他趕走了，譴責他「洩漏了祕密」。

假若一個走出法庭的法官這樣說：「我主張犯人無罪。可是，我的同事認為他有罪。他們是多數，我能怎麼辦呢？」

針對這種人，應該訓斥他：「不要在人群中搬弄是非。」

曾有一位尊貴的婦女去尋求阿普塔拉比的建議。

一看到她，富有直覺洞察力的阿普塔，就大叫起來：「通姦者！你剛剛犯了罪，現在你竟敢進入我的房子！」

這位婦女激動地說：「上帝耐心對待有罪的人。他不會馬上懲罰這人，也不洩漏這人的祕密，免得這人面對眾人時感到羞愧。他也不把臉掉轉，不讓這人看見。然而，這個坐在屋裡的拉比一刻也不能忍耐，非要揭露上帝隱藏的祕密不可！」

後來，阿普塔拉比常常這樣說：「除了一個女人，誰也沒有打敗過我。」

13 保持良好的心境

猶太人在生存中總結出一套健身之道，在心情與身體的相互影響上，與現代人的科學研究竟有異曲同工之處——

——不要沉浸於悲傷當中，或是故意使自己痛苦。

——愉快的心使人保持生機，快樂使人長壽。

——嫉妒和憤怒縮短人的壽命，焦慮使人早衰。

——心情愉快的人胃口好，吃得津津有味。

——吃三分之一，喝三分之一，在胃裡留下三分之一的空隙。然後，當你憤怒的時候，就有足夠的空間容納你的怒氣。

《塔木德》中這樣說——

「有三種事物會損害人的健康：焦慮、旅行、罪惡。」

「有三種事物有利於恢復人的精神：動聽的聲音、美景、好聞的味道。」

情感的波動會給身體帶來變化，既清楚又明顯，有確鑿的證據可以證明。

一個身體健壯的人，聲音洪亮、愉快，容顏燦爛。如果他突然感到一陣噁心，臉上的表情就會暗沈下來，失去光澤，皮膚的光彩發生變化，聲音變得沙啞、微弱，力量衰減，偶爾因巨大的衰弱顫抖，有力的脈搏變得細微無力……

相反地，某人身體很弱，外貌很奇怪，聲音很低。當突然有巨大的歡樂降臨到他身上，你會發現，他的身體突然變得強壯起來，他的聲音升高，臉上放出光彩，動作加快，脈搏變得有力，身體表面變得溫暖，歡樂和愉快在他的臉上和眼瞼上變得明顯……

當人們沉浸於幻想，陷入沉思，避開社會交往，或者避開曾經身處於其中的愉快體驗，在他從極端的情緒中自拔出來以前，醫生什麼也不應當做。

情感的好壞，可以影響到身體。因此，要健康的身體，就要有良好的心境。

Lesson 02

處世智慧

猶太人遍布世界每個角落。在艱難的求生程中，他們磨練出許多高明而獨特的處世技巧。現實和利益是他們選擇一切事物的標準。猶太民族的處世哲學是最具智慧的學問。

1 做人不要有成見

在猶太民族的傳統中，知識永遠比財富更重要。

耶羅亞拉比是一個博學而樸實的學者。

一天，羅馬皇帝哈德良的女兒對他說：「在你這麼醜陋的人的腦袋裡，怎麼可能有什麼了不起的智慧？」

耶羅亞聽了，非但沒有惱怒，反而笑容滿面地問：「在你父親的宮殿裡，葡萄酒裝在什麼樣的容器當中？」

公主答道：「裝在陶罐當中。」

「陶罐！普通老百姓才把葡萄酒裝在陶罐中。」耶羅亞說：「你是貴族應該把葡萄酒放入金銀器皿之內啊！」

於是，公主便下令宮中侍僕把葡萄酒從陶罐裡倒出，裝到金罐和銀罐中。不久，所有的葡萄酒都變得淡而無味了。

公主沒想到會把事情弄得如此糟糕，她十分生氣地去找耶羅亞算賬：「你為什麼讓我這樣做？」

耶羅亞拉比溫和地說：「我只是想讓你明白，珍貴的東西有時候必須裝在簡陋而普通的容器中，才能保存其價值。」

「難道沒有既出身好又博學的人嗎？」

「有！不過，如果出身艱苦一些，他們的學問會更大！」

耶羅亞拉比笑嘻嘻地回答她。

猶太人中的窮人遇到富豪子弟時，絕不會顯得自卑，更不會心存畏懼，因為出身富貴之家的人並不一定有學問。但是，遇到有知識的人，無論是窮人還是富人，他們都會非常敬重。這是因為猶太人只重個人才華，不會去看你的家庭和出身。

事實上，有很多著名的猶太拉比，出身都很卑微。其中最代表性的希萊爾是木匠，雅基巴是牧羊人。他們之所以能夠成為猶太人中的傑出人物，全都因為他們自身的能力所致。而且，猶太民族個人重於門庭出身的觀念，為他們的脫穎而出提供了一個絕佳的環境。

正是因為猶太人重個人才華而不重門庭出身，才使猶太民族產生了許多傑出的人物。這一觀念體現在人際交往中，更使猶太民族在日常生活中絕少門第觀念。在人際交往中，猶太人少有趨炎附勢之舉，出身好的人也難以依靠出身，攫取社會地位，或是取得什麼其它優勢。每個猶太人都是依靠勤勞和智慧獲得個人的地位。

個人才華重於門庭、出身，是猶太人處世的重要觀念，它激勵了許多出身不好的人積極進取，也體現了社會公平的原則。

2 虛榮心與自戀

猶太人認為，人自出生開始，虛榮就與他相伴。年幼時，凡事都以自我為中心；長大以後，也只是學會讓步。即使人死了，虛榮仍不會消失，墓碑還會向他人炫耀自己的「光榮」。每個人多多少少都會有點「自戀」，而且，虛榮在某種程度之內是被允許的。何況，猶太人認為，虛榮也有好的一面，因為它能使人重視自己。自尊、自立、上進心都是從「自戀」的土壤中生長出來。

但是，愛是盲目的。當一個人過分沉溺於「自戀」和虛榮中時，就看不見別人厭惡的眼光，並且很容易引起他人的反感。

「自戀」可以成為一個人的力量，但也會帶來人性的脆弱。沒有一個人在受到誇獎時會不高興。自古以來，人就是虛榮之海中遊蕩的一條魚。

士師參孫由於力大無窮，所以時常把非利士人打得落荒而逃。有一次，參孫遇到了妓女大利拉，被她的美色所誘，又禁不起虛榮心的撩撥，竟說出了自己力大無窮的祕密（蓄髮不能剃，否則會失去神力）。為此，他慘遭非利士人活捉並挖掉了他的雙眼。

猶太人認為，犯了過錯，即使得到他人的諒解，常常還是會發生自己不能原諒自己的情形；甚至在許久之後，每想起那次過錯，仍然會感覺心頭刺痛。這種感情如此強烈，是因為傷到犯錯者的虛榮心。這樣的傷痕很不容易治癒。

為此，猶太教徒具有一種很強烈的「自責」意識——他們可能不因犯罪而難過，卻會因為自覺傷了他人的虛榮心而坐立不安。

「自戀」絕對健康，以自我為中心也沒有錯，因為人是惟一能夠自覺「我」之存在的動物。但是，絕不可過分。每個人都希望別人眼中有自己，所以當某人誇獎自己時，都會大感高興。猶太人深諳這一點。因此，當他們想要操縱一個人時，常常會激發對方的虛榮心，把人之所欲施之於人。所以，在日常生活中，猶太人會隨時恭維他人，恭維甚至已成為猶太民族的一種處世手段和習慣。

為此，《塔木德》告誡說：「『自戀』的最佳伴侶是謙虛和對他人的關懷。」

3 益友如良師

在猶太人看來，每一種金屬都是由許許多多「微粒子」組成，它們遵循一定的法則，不停地進行忙忙碌碌的運動。也就是說，猶太人認為，金屬也是活的。用力擠壓一塊金屬，隔一段時間後把手放開，從外表上看，這塊金屬也許並沒有什麼改變，但它的內部一定已經過很劇烈的變化。

因此，一種東西和另一種東西接觸時，一定會互相影響、互相滲透。

同理，當一個人和另一個人接觸時，一定也會產生同一種現象——甲的一部分進入乙的心中，乙的一部分進入甲的心中，但兩個都毫未知覺。分手之後，也許互相之間連對方的面孔和名字都已忘懷，但兩人的內部已經起了微妙的變化，不再是先前的人了。醜惡和善良，都可能潛移默化，進入人的內在。

猶太人對於交友一事非常慎重，時時小心，處處提防。每當他們遇到一個人，會思索一個問題：應該花多少時間接觸這個人？又該沾上多少他的習性？

但是，猶太人又認為，沒有朋友的人就如同失去手臂一樣。

因此，他們把朋友分成三種：

第一種像麵包，經常有所需要；

第二種像大菜，只是偶爾需要；

最後一種像疾病，應當極力避開。

沒有一個人能獨自成長或獨自墮落。所以，在猶太人看來，尋求一個適合自己的朋友是人生中一件很重要的事。

選擇良友與之交往，自己也會為之改變，變得更好——正如猶太格言所說的，「走進香水店，就是什麼都不買，出門也會沾上芳香的氣味。」

4 勿以不利強迫人

有一次，安東尼皇帝派使者到朱丹・尼撒拉比那兒，問了這樣一個問題：

「帝國的國庫快要空了，你能給我一個補充國庫的建議嗎？」

朱丹拉比沒有回答。他把使者帶到他的菜園，然後安靜地幹起活來，把大的甘藍拔掉，種上小甘藍。對甜菜和蘿蔔也是這樣。

看到朱丹拉比無意回答問題，使者只好說：「請給我個回信。」

「什麼都不需要。」

於是，使者返回宮廷，向安東尼稟報。

「朱丹拉比給我回信了嗎？」

「沒有」

「他跟你說了什麼？」

「什麼都沒說。」

「那他做了什麼？」

「他只我領到他的菜園，然後把那些大的蔬菜拔掉，種上小的。」

「我明白他的建議是什麼了！」皇帝興奮地說。

他立刻遣散了所有官員和稅收大臣，換成少量有能力、誠實的人。不久，國庫就得到了補充。

這個故事旨在說明：國王為了補充國庫，應該自己想辦法，不能以不利的條件強迫百姓多繳稅。

不強迫他人做他們不願做的事，這是猶太人的處世方法之一。在現實生活中，猶太人更反對以不利的條件強迫他人。

對於以不利的條件強迫他人，猶太人還有一個這樣的故事——

有一天，拉比在路上碰到兩個正在爭辯的男孩。兩個男孩面紅耳赤地爭論著到底誰個子高。吵來吵去，還是得不到結果。

後來，其中一個男孩強迫另一個男孩站在水缸裡，而他自己站在缸浴上。他終於證實了自己比較高。

拉比看到這種情形，悲傷地對自己的弟子說：「是否世上的人都常這麼做呢？為了證實別人劣於自己，就強迫別人下到水缸；如果別人不願下去，他們就會自己爬到高處，以顯示自己優於他人。」

在現實生活中，種種欺騙的事例屢見不鮮。但是，猶太人認為，壞事掩不了人的耳目，終有一天，人們會發現事情的真相。即使有人能幸運地瞞過他人，但做了壞事之後，一定覺得很不舒暢，時時心懷恐懼。總而言之，以不利的條件強迫他人的做法是不可取的。

因此，猶太人在和別人進行競爭時，總是站在公平的立場，而不會以不利的條件去強迫他人。

5 有求必應的求助法

在猶太人看來，完成自己之所能的是人，完成自己之所望的是神。但無論如何，一旦有求於人，若期盼求之必應，就必須態度謙虛，善待對方。

猶太人有一個故事，教導世人如何向求助——

有個富翁生了十個兒子。他保證自己去世的時候會給所有兒子每人一百第納爾。可是，隨著時光流逝，他失去了一些錢，只剩下九五〇第納爾（中東有數十個國家所採用的貨幣單位，但面額價值並不一致）。所以，他給了前面九個兒子每人一百個第納爾，然後對最小的兒子說：「我只剩下五十第納爾，還必須拿出三十個第納爾做喪葬費，只能給你二十第納爾。不過，我有十個朋友，全都留給你，他們比一百個第納爾好多了。」

他把最小的兒子介紹給所有朋友，然後很快死去。

埋葬了父親之後，那九個兒子各自謀生。最小的兒子也慢慢花著父親留給他的二十第納爾。當他剩下最後一個第納爾時，決定向父親的十個朋友求助。

他先請他們美餐一頓。他們一起吃喝，紛紛說：「在這麼多兄弟中，他是惟一還記得我們的人。讓我們對他仁慈些，報答他對我們的好意。」

於是，他們每個人給了富翁的小兒子一隻懷了牛犢的母牛和一筆錢。母牛產下小牛。富翁的小兒子賣了小牛。用換回的錢做生意，不久就成了大富翁。

人不可能事事都能辦到，求助於人，理所當然。但是，傲慢地強迫他人是辦不成事的；只有謙虛地求助於人，事情才可能辦得完美。正如猶太拉比所說：「求助於人時，必須像女人一樣溫柔。」

6 人不能脫離群眾

猶太民族很著力於弘揚「慎獨精神」，即可貴的自我反省，自我批評的精神。他們總是問自己做了什麼，做對了什麼，應該做什麼，卻很少要求別人該怎麼做。但這絕非意味著一切以自我為中心。他們並不提倡「獨善其身」式的「隱士」，而是教導世人要和普通大眾生活在一起。

有個拉比，一生行為高潔，為人親切而仁慈，對神十分虔誠，做事也相當審慎。因此，他理所當然地成為受人景仰愛戴的人。

過了80歲後的某一天，他的身體突然一下子變得虛弱，並且很快地衰老下去。他知道，自己的死期已經臨近，便把所有的弟子叫床邊。

弟子到齊之後，拉比卻開始哭了。

弟子們十分奇怪，便問道：「老師，您為什麼哭？難道您曾在哪一天忘記讀書嗎？曾在那一天因疏忽而漏教學生嗎？曾在哪一天忘了行善嗎？您是這個國家中最受尊敬的人、最篤敬神的人啊，您實在沒有任何哭的理由呀！」

拉比回答：「正因為像你們說的這樣，我才哭啊！我剛剛問了自己：你讀書了嗎？你向神祈禱了嗎？你是否行了善？你是否做了正當的行為？對於這些問題，我都可以做肯定的回答。但當我問自己：你是否參加了一般人的生活？我卻只能回答：沒有。所以我哭了。」

這則猶太故事除希望人們凡事從我做起，時刻自我反省，慎獨自律，同時也是勸說一些不在集體活動中露面的人，以使他們一起「參加一般人的生活」。從這裡不難看出，這個「一般人的生活」不是指一般意義上的衣食住行，也不是指常人其它的感性生活，而是特指猶太民族的集體生活。

可見，猶太人這種以自我為基點的「慎獨自律」的處世觀念，並不是與集體、其他個體相脫離，猶太人「慎獨自律」，一方面在於提升自己，另一方面又影響感化了他人。這比單純地要求他人強得多。

正如在猶太人復國運動中體現出來的，猶太人不論貧富，地位多麼懸殊，一律為了心中的祖國「以色列」建國而積極努力。他們從來沒有想過要求別人為重建國家做些什麼，而只是想著：「我能為祖國的重建做些什麼？」

正是這種先從自己做起的理念和精神升華了猶太民族的集體感和凝聚力，從而使他們能夠在四散各地的情況下緊密相連，並最終促成以色列的再生。

這也是史前無例的，在歷史上是絕無僅有的，一個民族在流亡二千多年，還能不被消滅，不被同化；而且還能重新建立國家！

7 己之不欲、勿施於人

希萊爾拉比出身貧寒，靠自己的天賦和勤奮，掌握了淵博的知識。希萊爾當了猶太教首席拉比之後，一次，來了一個非猶太人。他要求希萊爾拉比在他能以一隻腳站立的時間裡，把所有的猶太學問告訴他。可是，他的腳還未提起，希萊爾拉比已把全部猶太學問濃縮成一句話，告訴了他——

「不要向別人要求自己也不願做的事。」

猶太人認為，人在社會中生活，意味著人與人之間構成一種互助互諒的關係，這種關係本身又必定建立在互相理解的基礎上，這種理解從理論上說，不管有多少環節、多少障礙，在經驗上，只要我們大家都是人，就可以從自身趨吉避凶的原始要求上，找到理解他人的前提。

互相理解、互相謙讓的處世原則只是一個樸素的準則，在具體的環境中，還必須恰如其分地視實際情況而運用。

《塔木德》上有個例子，很適切地說明了這一點——

一次，有個拉比邀請六個人開會商量一件事。可是，到了第二天，卻來了七個人。其中肯定有一個人是不邀自來。但拉比不知道這個人究竟是哪一位。於是，拉比只好對大家說：「如果有不請自來的人，請趕快回去吧！」

結果，七個人當中被大家公認最有名望的，那個大家都知道他一定會受到邀請的人站起來，走了出去。

七個人當中必定有一個人未受到邀請，但既然到了這裡，再要自己承認資格不夠，是一件相當難堪之事，尤其還當著那麼多人的面。所以，那位很有名望的拉比做了退讓，可謂用心良苦。如此設身處地地為他人著想並採取相應的行動，正體現了他的仁慈之心。

這則故事側重於發掘猶太民族那種獨具特色且周到詳和的智慧。除此之外，還含蓋了一層承認他人的優先性，甚至克制自己的要求，以協調人際關係的涵義：一個人沒有權利把自己不想要的東西強加於他人，但一個人也不應該把一般人都不要的東西強加給自己。

猶太人的足跡之所以能夠踏遍全世界的每一個角落，並創造出令世界刮目相看的商業成就，儘管也不時因自身的「暴富」或被視為「吸血鬼」之稱的高利貸者而遭到異族的踐踏和殺戮。但他們以一個弱小民族之身，能夠憑著自己的信念和出色的智慧而生存下來，這本身就是一個奇蹟。從某種意義上說，猶太人所持守的尊重他人的道德觀念——相互尊重，彼此寬容。正是支撐他們在激烈的競爭壓力和強權夾縫中求得生存的藝術。

8 駕馭情緒的方式

猶太傳統認為，有時候，某種憤怒是必要而且很重要的——比如，對社會上不公正的事義憤填膺，或眾先知對所處的腐敗時代爆發憤怒。但是，一個人如果不加以節制地對他人抒發怒氣，他將受到譴責。

從一個人對待三種事物的方式中，可以瞭的他的性格——他的酒、他的錢以及他的憤怒。

而憤怒的表現，通常可分為以下四種性格：

輕易動怒，容易安慰——他的所得被失落抹煞了。

很難動怒，很難安慰——他的失落被所得補償了。

很難動怒，容易安慰——聖人。

輕易動怒，極難安慰——小人。

在狂暴中扯破自己的衣裳，或是在狂怒中砸碎家具的人，最後將會膜拜偶像。因為這是邪惡衝動的伎倆：今天他說「扯破你的衣裳」，明天說「膜拜你的偶像」。於是，他走過去膜拜偶像。

但當人們不能駕馭自己的情緒時，該怎麼辦呢？

有一個虔誠的人，脾氣很壞，當人們和他爭吵，他不是應答，而是喊叫和詛咒。平靜下來以後，他為自己的舉動懊悔。

他去問一個賢人：「我怎樣才能在憤怒的時候不去詛咒他人？」

賢人回答：「你可以在詛咒之後，毅然地對自己說：『我對他詛咒的一切都會發生在我的頭上。』或在詛咒之前說：『我詛咒他的一切也許會落到我頭上。』這樣你就不會詛咒了。」

但是，那人不願聽從這個建議。相反地，他每次喊叫和詛咒的時候，都毅然決定貢獻一份施捨。一想到要拿出那麼多錢，他就不敢再詛咒了。

對他而言，施捨是對壞脾氣的賠償；但對施捨而言，壞脾氣是利益之源。這是駕馭自己的情緒很有效的方式。

智者希萊爾出生在巴比倫尼亞。有兩個閒人針對此事，特意設計出一系列令人惱怒的問題。希萊爾是如何控制自己的憤怒呢？

從前有兩個人下了四百祖茲的賭注。他們說：「誰能惹得希萊爾發怒，誰就能得到這四百祖茲。」

其中一個當先前去。那天是安息日前夕，時近黃昏，希萊爾正在洗頭。那人前來敲門，那人大聲喊叫——

「希萊爾在哪兒？希萊爾在哪兒？」

希萊爾披上一件外套，出來迎接。

「孩子，」他詢問：「怎麼啦？」

那人說：「我需要問一些問題。」

「問吧！」希萊爾說。

那人問道：「為什麼塔德莫瑞特人的眼睛模模糊糊看不清？」

「因為，」希萊爾說：「他們把家安在沙漠，風沙吹啊吹的，他們的眼睛就變得模糊了。」

那人離開了。等了一會兒，又回來敲門。

「希萊爾在哪兒？」他大聲喊叫：「希萊爾在哪兒？」

希萊爾披上外套，走了出來。

「孩子，」他問道：「怎麼啦？」

那人回答：「我需要問幾個問題。」

「問吧！」希萊爾說。

那人問道：「為什麼非洲人的腳是平的？」

「因為他們住在潮濕的沼澤中，」希萊爾說：「任何時候他們都走在水裡，所以他們的腳是平的。」

那人離開了。等了一會兒，又回來敲門。

「希萊爾在哪兒？」他大聲喊叫：「希萊爾在哪兒？」

希萊爾披上外套，走了出來。

「你又想問什麼？」他問道。

「我要問一些問題。」那人說。

「問吧！」希萊爾說。他在那人面前坐了下來。

那人問道：「為什麼巴比倫尼亞人的頭是長的？」

「孩子，」希萊爾回答：「你提出了一個重要的問題。在巴比倫尼亞，由於缺乏熟練的接生婆，嬰兒出生時，奴隸和婦女在他們的腿上照料孩子。所以巴比倫尼亞人的頭是長的。可是，在這裡，有熟練的接生婆，嬰兒出生時，在搖籃裡得到很好的照料，他們受到了撫摸與摩擦。這就是為什麼巴勒斯坦人的頭是圓的。」

「你讓我失去了四百個祖茲！」那人大喊起來。

希萊爾對他說：「你因為希萊爾而失去了四百個祖茲，也比讓希萊爾發脾氣更好些。」

從上面的故事可知，在一個會令絕大多數人狂怒的狀態中，希萊爾以溫和的方式控制住自己，並最終馴服了挑釁的對手。

9 尋找生命中的貴人

猶太人認為，人需要有朋友一起吃飯，一起喝酒，一起學習《聖經》，一起學習《塔木德》……給自己找個朋友，對他傾訴心底所有的秘密——關於《聖經》和世俗生活的祕密。

「畫圈者」豪尼生活於公元前一世紀的羅馬帝國早期。他不但是一位著名的學者，還被當成魔法師，尤其擅長求雨。他的綽號「畫圈者」，大概來自他求雨時最壯觀的技藝表演：他在地上畫一個圈，和他的祈禱者一起站進去。雨不多不少，正好滿足莊稼的需要。當雨下夠了，他就再次祈禱，雨就停了。

某一次，豪尼正在路上走，看到有個老人在栽豆莢樹。他問老人，需要多長時間，這棵樹才能結果子？老人回答：要七十年。

豪尼坐下來吃東西，覺得昏昏欲睡。他躺下來，一下子就睡著了。他越睡越沉，周圍的石頭飛升，把他遮在裡面。這樣，從外面就看不見他。他竟然一口氣足足睡了七十年。

醒來時，他看見有個人正在摘樹上的果子。

「你是栽這棵樹的人嗎？」豪尼問道。

「不！我是他的孫子。」那人說。

「啊！很顯然，我睡了七十年！」豪尼驚訝地叫起來。

然後，他注意到自己的那頭驢子已經繁殖成了一群，在田野裡徜徉。

豪尼回到自己原本生活的地方。

「畫圈者豪尼的兒子還活著嗎？」他問那兒的人。

「他的兒子不在了。」人們說：「不過，他的孫子還活著呢！」

「我是畫圈者豪尼。」他說。

但是，沒有人相信他。

豪尼離開家，到他學習的地方，看到很多學者正一起切磋學問。

「法律對我們就像畫圈者豪尼的時代一樣清楚。」他聽見一個學者說：

「因為不論什麼時候豪尼到了學習的地方，他總能澄清學者們閱讀文本時遇到的問題。」

「我是豪尼。」他興奮地對他們大聲說。

但學者們不相信他，他們也不願表達他從前受到的敬意。

豪尼受到深深的傷害。他祈求死去。他的祈禱得到回應，他死了。

從這個悲劇可知，友誼猶如生命中的陽光。缺少友誼，不如死去。猶太先賢正是這樣認為：要嘛和朋友在一起，要嘛去死。

在猶太人看來，朋友比世上所有的錢都珍貴；為了朋友，可以犧牲生命。

有兩個親密的朋友因戰爭而分開，生活在不同的王國。有一次，其中一個去看望另一個。因為他來自故國，所以被當成間諜囚禁起來，判了死刑。再多的懇求也救不了他的命。所以，他乞求國王發一次善心。

「陛下，」他說：「你讓我回自己國家待一個月，料理好後事。這樣，我死了以後，我的家庭還能得到照顧。月底我就回來接受死刑。」

「我怎麼能相信你還會回來？」國王說：「你給我什麼保證？」

「我的朋友可以保證。」這個人說：「如果我不回來，他可以替我死。」

國王把這個人的朋友召來，驚訝地發現，他的朋友對這個條件表示同意。

到了這個月的最後一天，太陽落下，那人還沒有回來。國王下令把他的朋友處死。就在刀即將落下之際，那個人飛快地趕回來了，把刀擱在自己的脖子上。可是，他的朋友阻止了他。

「讓我替你死吧！」他請求道。

國王被深深地感動了。他下令把刀拿開，兩個人都得到了寬恕。

「既然你們有這麼深的愛和友誼，」國王很羨慕地說：「我希望你們也讓我加入吧！」

從那一天起，他們都成了國王的朋友。

為自己找一個朋友，生命會多一份精彩。忠誠的朋友是可靠的避難所——誰找到這樣的朋友，比發現任何寶物都更有益。

10 嫉妒是毒藥

對於他人的成功，嫉妒是比快樂更典型的反應。人一旦被嫉妒和憎恨所主宰，不僅會破壞人與人之間的關係，還會毀滅了自己。

有些人特別愚蠢，看到朋友走運，就開始胡思亂想，又難過又沮喪；甚至他自己擁有的好東西也不能讓他感到快樂。這就是朋友的好運對他的影響。

摩西認為死一百次也比受一次嫉妒的刺激更好。而智慧的所羅門這樣評價：「嫉妒會使骨頭腐爛。」

有兩個人，一個貪婪，一個好嫉妒。

他們兩人都恨自己的兄弟，還說了很多斥責造物主的話。

貪婪的人這樣說：「看看上帝的作品，多麼邪惡而讓人難受啊！為什麼我這麼窮，而那個住在我右邊的鄰居，我的敵人，卻那麼富有？」好嫉妒的人帶著慣有的憎恨說：「上帝不會理你，也不會聽見你的話，讓你變成王子。你若能富起來，我就去死……」

上帝的天使在勒歐姆的荒野找到他們，對他們說：

「聽著！我受派而來，是為了在今天滿足你們的任何請求……我同意：你們之中的一個，無論他說出什麼，一定會得到，而且馬上就會實現。後說的人則會得到兩倍於前人的東西。你們不能破壞這個規矩。」

言畢，隨即消失……天使離開了，消失得無影無蹤，連腳印都看不到。這時兩人才明白那人是上帝的天使，真理就從他的嘴裡說了出來。

那個貪婪的人渴望得到雙倍的東西，於是說：「你先許願。」好嫉妒的那個人回答：「我祈求什麼，你都會得到雙倍恩賜，難道我有這麼傻嗎？」

貪婪的人憤怒起來，撲到好嫉妒的人身上，狠狠地打了他。

兩個人扭在一起。最後，好嫉妒的人說話了：

「上帝啊！求求你對你的僕人做些違背您仁慈的事吧！讓我瞎掉一隻眼，

好使我的敵人兩眼都瞎掉。之後，再讓我的一隻手殘廢掉，好使我的敵人兩隻手也都殘廢。」

好嫉妒者話音未落，一陣可怕的黑暗驟然降臨了——他們失明了。貪婪者得著雙倍，他兩隻眼睛都瞎了，兩隻手在袖子裡無力地垂落，所有的力氣都消失了。

兩個人就留在那兒，感到羞恥和丟臉。他們的渴望和憎恨都不見了。貪婪的人再也不渴望貴族的府第，只求進入墳墓。好嫉妒的人再也不恨他人。他失去了一切之後，嫉妒也離開了……他被毀滅了。

看到他人成功的時候，去分享他的快樂吧！千萬別被嫉妒和憎恨所主宰，否則你就等於給自己飲下了一杯毒藥。

11 待客之道

亞伯拉罕是傳說中殷勤好客的典範。在妻子薩拉的協助下，他迅速為裝扮成流浪者的上帝的三個使者準備了豐盛的晚餐。他的親切尤其高貴。因為和上帝訂約，他在99歲時行了割禮，這時仍處於恢復期。

以他為榜樣，猶太人推崇好客的美德，尤其是對陌生人的殷勤。儘管他們的許多規範是從周遭的希臘人和羅馬人那裡借鑑而來，但比起單純的禮節，他們更強調真誠，既關注主人的舉止，也重視客人的表現——甚至把對客人的要求引申到在外國旅行的人身上。

巴尤哈尼亞是一個糟糕的主人。

巴尤哈尼亞決定舉行一個宴會，招待羅馬貴族。他向拉比以利則諮詢。

以利則拉比說：「如果你打算邀請20個人，就做好足夠招待25個人的準備。如果你打算邀請25個人，就做好足夠招待30個人的準備。」

巴尤哈尼亞沒有接受建議，只準備了招待24個人的飯菜，卻邀請了25個人。因此，他差了一人份的飯菜。

於是，他把一個金盤放在沒有飯菜的客人面前。

客人把盤子扔到他的面前，憤怒地說：「你難道讓我吃金子嗎？」

巴尤哈尼亞又去對拉比以利則說：「我真不該告訴你請客的事，因為你教了我怎麼做，我卻沒有聽從你的話。不過，我想知道，上帝對你們學者揭露了律法的祕密，難道也告訴了你們讓客人高興的祕訣嗎？」

以利則回答：「上帝的確告訴了我們讓客人高興的祕訣。」

「你知道該做什麼？」巴尤哈尼亞問道。

以利則回答：「我是從大衛那裡學到的。聖經上寫道：『當阿伯納在12個人的陪伴下來到赫布倫的大衛家時，大衛用盛宴款待阿伯納和跟隨他的人。』聖經上並非簡單地說：『他舉行了盛宴。』而是說：『大衛款待了跟隨他的人。』」

「一個好的客人該說什麼?」

「我的主人為我費了多大的心啊!他在我面前放了多少肉啊!他給了我多少酒啊!他給了我多少蛋糕啊!所有這一切,他都是為了讓我高興!」

「那麼,一個壞客人會怎麼說?」

「主人到底為我費了什麼心呢?我只吃了一小片麵包、一小塊肉、一小杯酒。無論主人做了什麼,都只是為了讓他的老婆、孩子高興罷了!」

受到殷勤款待的客人應當在盤子裡留下一些食物,表明主人招待豐盛,超出了他的需要。如果他把所有的東西都吃光,人們也許會以為:主人準備不夠、招待不周。

可是,如果主人對他說:「請不要剩下,為什麼把人吃的好東西餵狗呢?」他應當聽從主人的意願,把食物都吃下去。因為,如果主人不得不把剩下的食物餵狗,他就犯了浪費食物的罪。

12 不要揭人瘡疤

我們知道，真正體貼的人不會提及可能會讓人感到不快的話題，甚至不能容忍那些嘮叨他人之過錯的人。

瑞什·拉吉什是三世紀巴勒斯坦的著名學者，一個魁梧、強壯的人。他在年輕的時候，曾經以角鬥士之身，和野獸搏鬥。拉比喬拿森勸服他放棄了角鬥士生涯，改而求學。他成為一個信徒，後來和喬拿森齊名。

一天，喬拿森在約旦河裡洗澡。拉吉什正經過，看到他，也跳進河裡。

「你的力量應該貢獻給《律法書》。」喬拿森說。

「那麼，你的美麗，」拉吉什說：「應該貢獻給婦女。」

「如果你懺悔，」喬拿森說：「我就讓你娶我的妹妹。她比我還美麗。」

瑞什．拉吉什懺悔了，娶了喬拿森的妹妹，和喬拿森一起學習。後者教他《聖經》和《塔木德》，終於使他成為偉大的學者。

一天，在教室裡發生了一場爭論。

問題是：什麼時候，某些日常用具——劍、刀、匕首、矛、手鋸、鐮刀——會成為宗教儀式中的不潔之物。

喬拿森表示：在熔爐中鍛鍊過的是不潔之物。

拉吉什則是堅持：浸過水的是不潔之物。

喬拿森的自尊受到傷害，說：「強盜懂得自己營生。」言外之意，是指拉吉什做角鬥士的時候用過這些武器。

拉吉什大感憤怒，說：「你對我有什麼幫助呢？在羅馬的競技場，我被稱為大師，在這裡，我也被稱為大師。」

喬拿森受到很深的傷害，因為拉吉什暗示自己沒有得到他的幫助。他拒絕原諒瑞什．拉吉什。

後來，拉吉什病倒，旋即去世了。

喬拿森陷入無比的沮喪之中……他撕爛了自己的衣服，哭喊著：「噢！拉吉什的兒子，你在哪裡？」

終於，他發瘋了。

其他拉比都為他祈禱，希望讓他從悲慘中獲得解脫。

不久，他也去世了。

如果一個人已悔了罪，別人就不應該對他說：「記住你從前所做的事。」如果他是贖罪者的兒子，他不應受到奚落：「記住你的父親做過的事。」如果他是贖罪者，剛剛開始學習聖經中的律法，別人不應該質疑他：「吃了不潔食物的嘴，可以學習全能的上帝嘴裡說出來的律法嗎？」

13 不要侮辱他人

許多猶太社區的拉比對侮辱和嘲笑規定了嚴厲的懲罰。

立陶宛學者拉比所羅門·班在他的釋疑書中聲言：應當把一個侮辱婦女的男人驅逐出教會，哪怕那人只是在私下裡悄悄地說了侮辱的話——

大師亞喀爾以前曾做過這樣的事：他在拉比以利則的妻子拉哈娜夫人的耳邊說了侮辱淫穢的話。

他是這麼說：「我不給你3個圭登，你就不跟我跳舞；就像你要收了一個男人的錢，才會跟他睡覺一樣。」

這位夫人應當得到讚美，因為她出於尷尬和維護尊嚴而大叫起來，指責行惡的亞喀爾破壞了她的貞節。

這個亞喀爾的話，把拉哈娜夫人貶低到妓女的地位。雖然他一再爭辯說，他所言及的那個給錢的男人是她的丈夫，可是，誰能這樣說話呢——一個女人，只有在丈夫出錢時，才肯跟他睡覺！

經過審判，拉比命令喀爾必須這樣說，以請求原諒：「我亞喀爾是有罪的！現在我請求上帝、拉哈娜夫人及她的丈夫以利則原諒我的穢行……」

請求原諒之後，亞喀爾還哀悼了四個星期。因為，如果他不服從這個命令，就要被逐出教會。

拉比阿拉斯加認為：「侮辱他人，不須受到身體的懲罰，但須受到道德宣判。而且，暗示性的侮辱和直接表示的侮辱一樣嚴重。」

另外，有人問阿拉斯加拉比這樣一個問題——

有個人和朋友發生了爭吵。他說：「我可不是雜種！我可不是叛教的人！我可不是有罪的人！」難道他的話不是暗指他的朋友是一個雜種、叛教者、有罪的人嗎？——話外之意是：「我不像你那樣，是一個雜種或有罪的人！」

拉比回答：「看起來，這個人的話中好像如此暗示：我不是像你那樣的某種某種人。畢竟，他的朋友並沒有先罵他是雜種或有罪的人。他沒有必要否認那樣的稱呼，除非他有所暗示：『我可不是那樣的人。』」

故事中，這個人似乎公開地說：「我可不是如何如何，像你一樣。」儘管他言語中沒有這層意思，但他侮辱了自己朋友，應該受到譴責。

這個故事可以和另一個故事聯繫起來。

據說，拉比希思達問自己的老師拉比胡那：「老師需要弟子，就像弟子需要老師那樣。那麼，弟子應該對老師表示什麼樣的敬意呢？」

胡那拉比把這個問題看成對自身做了暗示性的侮辱，因而大叫起來：「希思達，希思達，我不需要你！可是，你一直到四十歲之前都會需要我！」

此後，他們一直生對方的氣，很多年不來往。

也許希思達的話並不是侮辱，卻被胡那拉比理解為誹謗的意思。從胡那的觀點看，希思達是有意公開侵犯他。

人與人之間的相處，有時會在言談的無意中羞辱了對方而不自覺。因此有智慧的人從不多言，傾聽反而是贏得好人緣的一個絕妙方式。

14 不要輕易論斷他人

和人相處，需要一定的精明，才不致無意中牽扯上你不想扯上的關聯。《塔木德》對此訓示道：「如果不能設身處地為人著想，就不要輕易地論斷他人。」

精明的耶路撒冷人都會有這樣的規矩：

他們不會在文件上簽自己的名，除非知道其他簽名的人是誰；

他們不會坐在法庭上，除非知道和他們坐在一起的人是誰；

他們不會在某張桌子前就餐，除非知道同桌進餐的人是誰。

從前有個年輕姑娘遭到了劫持。兩個聖潔的人去贖她回來。其中一個人走進妓院，因為姑娘就關在那裡。出來之後，他問同伴說：「你是否懷疑我做了什麼？」

另一個人回答：「你肯定發現了需要多少錢才能救她出來。」

第一個人說：「以上帝的名義，的確如此！」他又補充道：「就像你用我的標準衡量我，上帝會以你的標準衡量你。」

人不要輕易論斷他人，如果老是以你自己的想法來詮釋別人，那是一件相當冒險、而且也是危險的行為！

Lesson 03

生活智慧

今日西方世界，無論曆法還是禮俗，無論節日還是人名，無不深深打著猶太宗教的烙印。儘管亡國給猶太人帶來災難性的後果，但他們的生活方式卻是理性而科學的，他們在飲食、醫療方面的知識和理解令人稱讚又驚嘆。

1 身體才是一切的根本

儘管猶太民族有相當悲慘的歷史，但猶太人可以說是最懂得享受人生的民族。在他們看來，人生的目的，不外乎能夠隨心所欲地吃到美味可口的食物。

猶太人之所以注重吃的享受，就因為吃得好，身體自然健康。健康是猶太人最大的本錢。猶太人亡國兩千多年，浪跡天涯，處處遭人歧視和迫害，但他們並沒有被消滅。這不能不歸功於他們養生有術，注重身心之健康。

猶太人知道，惟有健康的身體，才能享受快樂的人生；想要有健康的身體，必須吃得好。沒有健康，就什麼都得不到。

2 休息是為了更長遠的路

猶太人自我解放的訣竅是：讓自己休息。並且，要懂得如何休息。猶太人的精明處正在於：他們懂得如何計算少休息幾年和多休息幾年的利弊。

猶太人大多是商人。商人同普通人相比，他們幾乎沒有什麼工作定時的規範。他們隨時都有事，只要他們願意，幹一輩也幹不完。因為工作耽擱了，錢就少賺。猶太人絕不浪費一分鐘時間。

但是，對於猶太人來說，身體健康是根本。為了身體健康，就需要休息；要休息，就必然和工作相衝突。這是，猶太人會毫不猶豫地放棄工作，選擇休息。

假如向猶太人提問：「你們工作一小時，可賺錢五十美元以上。如果每天休息一小時，一天就少賺五十美元，一年少賺一萬八千元以上，這值得嗎？」

猶太人算得更精：「假如一天工作八小時不休息，一天可賺四百美元，那我的壽命將減少五年。按每年收入十二萬元計算，五年間我將減少六十萬美元的收入。假如我每天休息一小時，那我除了損失每天一小時五十美元之外，將得到五年間每天七小時工作所賺的錢。現在我六十歲，假設我按時休息，可再活十年，那麼我將損失十八萬美元。十八萬和六十萬，哪個更多呢？」

現代社會，生活很緊張，有很多人常常為了努力工作，逐漸遠離自己本來所應該享有的生活。猶太人認為，乍見之下，「忙碌」似乎是一種勤勉。其實不然。忙碌並不是全盤值得稱讚。如果一個人在假日裡還要為工作而煩惱，或把工作帶回家，那是最大的不幸。猶太人最大的生活特色之一就是十分重視假日。

假日中，猶太人不談有關工作的事，不思考有關工作的問題，不閱讀有關工作的書，也不從事有關工作的計算，全身心投入娛樂、放鬆。

在猶太人心中，工作對人生是大有益處的。一個人若是只知工作，不知休息，他們很可能會失去做人的意義，而成為一部機器。

因此，為了走更長遠的路，碰到假日，猶太人會完全脫離所有工作的羈絆，讓整個身心得到休息。

3 崇尚大自然的法則

猶太人可以說是世界上最有先進之明的環境保護者，保持環境清潔是他們保持身體健康的傑出智慧之處。

猶太人認為，人應該居住在清潔的環境中，並且禁止任何人去做任何會對城鎮的衛生造成傷害的事。

為了防止塵埃和臭味侵擾居民，猶太人規定：在距離城市五十肘尺之內的地方不得設立永久性的打穀場、墳場、墓地。製革廠不僅不得建在城市五十肘尺的地方，而且只能建在城市的東方。

為使神聖的耶路撒冷清潔、美麗，猶太人訂立了十個特殊的規定。其中包括在城裡不得堆糞堆；不得建磚窯；除了早期先知留下來的玫瑰園以外，不得耕種其它花園或果園；不得養雞；死人不能在城裡過夜。

在猶太人的生活智慧中，像愛惜生命一樣愛惜大自然是很重要的一條。猶太法律禁止對樹木的惡意破壞，而且規定得十分嚴格又合乎理性。

以下是一個很能說明這種原則的例子——

幾個長工在約克哈特的拉比尤瑟的地裡幹活。

夜幕降臨之後，他們什麼吃的也沒有。於是，他們向尤瑟的兒子抱怨，說他們肚子餓死了。

這些人正坐在一棵無花果樹下休息，尤瑟的兒子就對果樹說：

「無花果樹啊！無花果樹，長出你的果實來吧！好讓我父親的這些工人們能夠充飢。」

不久，無花果樹果然長出了果實，長工們於是就吃了果子。

拉比回來之後，向長工們道歉：「我因為在做一樁施捨的差使，所以回來晚了，請你們原諒！」

「願上帝滿足你，就像你的兒子滿足我們一樣。」長工們回答。

接著，他們把無花果樹的事告訴了他。

拉比一聽，滿腔怒火，轉身對他的兒子說：「我的兒子，你讓無花果樹在它的節令到來之前就結了果，這給造物主帶來了麻煩。你最好也在你的日子到來之前，就從這個世界消失！」

猶太人愛惜大自然的心情，由此可略見一斑。堅硬的大地並非為了走向荒涼，而是為了給人居住。愛惜大自然，正是猶太先知最偉大之處。

4 人喝酒、酒喝人

適度飲酒，保持平衡，是猶太人對酒所持的一種生活智慧。

猶太人認為，酒是一種好東西。但是，對於喝酒，他們有這樣的看法：「早晨的酒是石頭，中午的酒是紅銅，晚上的酒是白銀，三天喝一次的酒則是黃金。」一般的猶太人在適度飲酒之後，翻開書本，充實自己，或是傾聽優美的音樂，鬆弛一天忙碌緊張的生活。

儘管猶太人並沒有禁止飲酒，但這一切都建立在適度的基礎上。漫無節制的酗酒被認為是粗俗不良的舉動。看來，他們是把酒當作生活一樣，慢慢品嘗。

拉比梅爾對此做了這樣的評價：「沒有什麼東西比酒帶給人類更多的悲哀了。」

某次，諾亞正在葡萄園中忙活，撒旦出現在他面前。

「你在做什麼？」撒旦問道。

「栽種葡萄。」諾亞回答。

「它是什麼樣子？」撒旦又問。

「它的果實總是很甜蜜，不論新鮮的，還是曬成乾的；同時可以用它釀酒，喝了之後，能使身心都舒暢起來。」諾亞回答。

「讓我們在葡萄園裡找個伴吧！」撒旦提議。

「很好。」諾亞說。

撒旦幹了什麼呢？他牽來一隻羊又帶來獅子、豬和猴子各一隻，然後把它們都殺了。把它們的血滴落下來，滲進了葡萄園的土壤。

在這則故事中，猶太人通過撒旦在人面前的做法，暗示出喝酒之前，人就像綿羊一樣簡單，像羊羔一樣安靜；當他喝了適量的酒，他的感覺就像獅子一樣強大，甚至認為世界上沒有人和他一樣強大；當他喝得更多了一些，他就像一頭豬，在污泥裡打滾；一旦他徹底喝醉，他就變成了猴子，四處跳竄，散發著猥褻的氣息，一點兒也意識不到自己在幹些什麼……

5 謊話像風中的羽毛，無法收回

猶太人認為，謠言是各種攻擊中最令人頭痛的，傳久了之後，它就會變成惡言惡語。謠言可以隔離最親近的朋友。一旦世上所有的人都不在背後道人長短，一切糾紛的火焰，自然就會熄滅了。

有一個女人很喜歡東家長、西家短的四處點火、道人是非。

多嘴本是女人的天性，但她太過火了，以至於連平常饒舌的三姑六婆們都無法忍受。終於有一天，大家一起到拉比家去，控訴她的行為。

拉比仔細傾聽了每個婦人的控訴之後，便要她們先回去。然後，他差人去找那個多嘴的女人前來。

「你為什麼無中生有，對鄰居太太們品頭論足？」

多嘴的女人笑著回答：「我並沒有杜撰什麼故事啊！也許我有一點誇張事實的習慣，不過，我說的不是很接近事實嗎？我只是把事實稍微修飾一下，使它更有聲有色罷了。但是，或許我真的太多嘴了。連我丈夫都這麼說呢！」

「你已經承認你的話太多了。那麼，就讓我們好好地想一想，有沒有什麼解決這事的好方法？」

拉比想了一會兒之後，走出房間，拿回一個大袋子。

他對多嘴的女人說：「你把這個袋子拿去。到了廣場之後，你就打開袋子，一面把袋子裡的東西擺在路邊，一面走回家。但是，回到家之後，你便要掉過頭，把東西收齊以後，再回到廣場上去。」

女人接過袋子，覺得很輕。她很納悶，很想知道裡面裝的是什麼東西？於是她加快腳步，趕到廣場。到了廣場之後，她迫不及待地打開一看：裡想裝的竟然是一大堆羽毛。

那是一個萬里無雲的晴朗秋天，微風輕吹，令人覺得非常舒服。女人照著拉比的吩咐，一面走，一面把羽毛擺在路邊。待她走進家門時，袋子剛好空了。然後她又提著袋子，一邊撿，一邊回到廣場。

可是，涼爽的秋風卻吹散了羽毛，所剩寥寥無幾。女人只好回到拉比家，向拉比說，她一切都照他吩附做了，卻只能收回幾根羽毛。

「我想也是。」拉比說：「所有的謠言都像是大袋子裡的羽毛一樣，一旦從嘴裡溜出去，就永無收回的希望。」

就此，他機智地矯正了這個女人的壞習慣。

趁此機會，拉比還告誡人們說：「遇到鬼的時候，你一定會拔腿就跑。同樣，聽到馬路消息，你也要快速逃離。此外，不要用嘴巴去發現看不見的東西。」

這話就是告訴我們說——謊話止於智者。

6 小舌頭大道理

猶太人強調，儘管舌頭沒有骨頭，卻要特別小心。因為話一旦說出口，就像射出的箭，再也不能收回。

拉比西蒙·噶瑪利爾對僕人塔拜說：「到市場去，給我買些好東西。」

塔拜去了，帶回一個舌頭。

西蒙又對塔拜說：「到市場去，給我買些不好的東西。」

塔拜去了，又帶回一個舌頭。

拉比問道：「為什麼我說『好東西』，你帶回來一個舌頭；我說『不好的東西』，你還是帶回來一個舌頭？」

塔拜回答：「舌頭是善惡之源。當它好的時候，沒有比它再好的了；當它壞的時候，沒有比它更壞的了。」

從這則猶太故事中，可以看出警惕自身之舌頭的重要性。一個人之所以有兩個耳朵、一張嘴巴，是為了讓他多聽少說，聽的分量比說多兩倍。那些懂得聽話藝術的人總是讓人尊敬，而那些只知喋喋不休說個不停的人只能讓人厭惡。

依猶太人之所見，愚者常常暴露出自己的愚昧，賢者則總是隱藏自己的知性。為此，猶太人堅信：「假如你想活得更幸福、更快樂，就應該從鼻子裡充分吸進新鮮空氣，而始終關閉你的嘴巴。」

有一句猶太俗話說：「當傻瓜高聲大笑時，聰明人只會微微一笑。」因為善於聽話的人，易表露知性；而喜歡表現自我，喋喋不休的人，通常是一些傻瓜。

一個波斯國王快病死了。他的醫生告訴他，喝母獅子的奶是存活的惟一希望。國王轉向僕人，問道：「誰去把母獅子的奶給我弄來？」

「我去！」有個人回答：「如果你願意讓我帶上十隻山羊。」

那人帶著羊群上路去了。他找到一個獅子洞，那兒有一頭母獅子正給幼崽餵奶。第一天，這人遠遠站著，把一隻山羊扔給母獅。牠很快就把山羊吃掉了。第二天，他走近了一些，又扔過去一隻山羊……就這樣，他往前走，越來越靠近獅子。到了第十天，他和母獅子成了朋友。牠讓他撫摸，又讓他和牠的幼崽玩耍，最後讓他取了一些牠的奶。完成了任務，這人就踏上歸程。

走到半路，他睡了一覺，夢見自己身體的各個部位吵了起來。

他的腿說：「其他器官都不能和我比。要不是我走近母獅就沒辦法取到奶。」

手回答：「要不是靠我擠奶，他也沒辦法取到奶。」

「但是，」眼睛說：「要不是我指點路途，他什麼也幹不了。」

「我比你們都好！」心大喊：「要不是我想出辦法，你們都沒有用。」

舌頭回應：「我才是最好的！要是這人不能說話，你們還能幹什麼？」

「你怎麼敢和我們比？」身體的各個部位一起喊叫起來：「你整天在那個黑暗的地方待著！不像我們，你甚至連一根骨頭都沒有！」

「早晚你們會知道，」舌頭說：「我是統治者。」

這個人醒過來，繼續趕路。待他走進國王的宮殿，他宣稱：「這是我給你帶回來的狗奶！」

「狗奶！」國王咆哮道：「我要的是獅子奶。把這人乾下去吊死。」

在前往刑場的路上，這個人身體的各個部位都顫抖起來。這時，舌頭對它們說：「如果我救了你們，你們承不承認我的統治地位？」

它們都忙不迭地同意了。

「把我送到國王那兒。」舌頭衝著劊子手大喊。這人又被帶回國王面前。

「為什麼你下令把我絞死？」這人抗聲辯道：「這奶能治好你的病。你不知道有時候母獅子也叫作母狗嗎？」

國王的醫生從這人手裡接過奶，檢查一番，發現那真的是母獅子奶。國王喝了以後，病很快就好了。

這人因功獲得了豐厚的獎賞。這時，身體的各個部位都轉向舌頭。

「我們向你鞠躬致禮，你是我們的統治者。」它們謙恭地說。

這則猶太故事的寓意是：話不可隨便亂說，應該句句斟酌。適量的言語可以一針見血；但用量過多就會成為禍害。我們要警惕自己的舌頭，如同慎重地對待珍寶一樣；使自己的舌頭保持沉默，人生將會得到很大的好處。

7 尊重隱私的美德

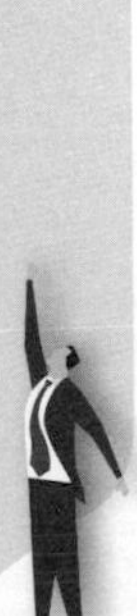

在日常生活中，猶太人為表現出對於他人隱私的尊重，非常注重守口如瓶。他們認為，能夠守口如瓶的人才是值得尊敬的高手。

保守祕密是一個人是否值得信賴的試金石。猶太人常常把一個人的價值用他能保守祕密到何種程度加以衡量。

猶太人認為，只要祕密仍在你手中，你便是祕密的主人；但當你說出祕密之後，便會成為它的奴隸。

當一個人得知一件祕密，大多會沉不住氣，想把它透露出來，並且認為這是人之常情。因為一個人手中握有某種祕密時，他可以藉此引人注意——每個人都喜歡探知他人的祕密，又希望吸引他人注目的眼光。抖出祕密，必定會備受大眾注目，從而使這個洩露祕密者自覺高人一等。

一次，占卜者巴拉姆決心去好好罵居住在城外的猶太人。可是，一看到他們的營地，他竟反過來為他們祈禱。

原來，巴拉姆看到猶太人的帳篷並非彼此面對面。他認為他們做到了尊重彼此的隱私，所以為他們祈禱。

為了尊重他人的隱私，並防止任何人對隱私以任何方式探查，猶太人把隱私訴諸法律的高度。

在猶太民族中，基於對他人隱私的尊重，任何人都不能沒打招呼就到別人家裡去。甚至，當一個人借債給鄰居的時候，也不能闖入借錢者的家裡去拿抵押，而要在外面等著，直到對方自己拿抵押品出來。

對於如何尊重他人的隱私，為他人保守祕密，猶太人有許多箴言：

「有三個以上的人知道某件消息，就不能稱它為『祕密』了。」

「聽到祕密很容易，要將之保存下來則很困難。」

「傻瓜和小孩不能保守祕密。」

「喝下祕密這種酒，舌頭就會跳起舞來。所以，應該特別小心。」

8 不逃避自己的脆弱

不誇大自己、不裝腔作勢，坦然承認自己的脆弱，是猶太人對自己真實、對生活坦白的一面，這樣做就不必背負虛假的行徑，活出真我的智慧。

在《塔木德》中，有一則故事，說的是亞伯拉罕訪問住在帳篷裡的老人。這個老人屬於崇拜偶像的一族。亞伯拉罕花了整個晚上勸他改信猶太教，但老人始終不肯答應。最後，亞伯拉罕只好放棄回家去了。

第二天晚上，亞伯沒有再去訪問老人。這天夜裡，神向他顯現，對他說：「我等那個老人已經等了將近七十年，他還沒有信仰我，你卻連多一個晚上都不肯等，這是為什麼？」

亞伯拉罕聽了神的話，又去勸說老人。老人終於答應改信猶太教。

原來，當第一天晚上亞伯拉罕走出帳篷之後，神便現身訓誨老人，而使老人改變了他原來的心意。

——從這則故事可知，猶太人深知人性的脆弱，並且公開承認自己的不完美。「贖罪日」是猶太教的一個重大節日。這個節日本質上是猶太人承認人性脆弱的一種體現。在「贖罪日」，所有猶太人都要絕食，終日祈禱、懺悔。他們集會於猶太教堂，由三個長老一起朗讀《猶太法典》，並由他們向神禱告請求：「神啊！請原諒『我們』。」

長老們絕不會說：「請原諒『我』。」

代表們之所以不這樣說，是因為他們瞭解人是弱小的，每個人對「罪」都有連帶責任。因此一人有罪，眾人擔，才能負得起。也正因為敢於承認自己的脆弱，猶太民族中才湧現出各個領域中的大師、巨匠。

9 即使是災難，也不逃避責任

猶太人認為：好事可以分享；自己的責任卻一定要自己擔。放棄自己的責任和義務是可恥和罪惡的。

不管是把事情推給他人，還是歸咎於環境，自己的責任仍然存在而無法消失。所以猶太人總不把責任推給他人，而是自己動手去做。

人既然生存於這個世界，自己不能被完全抹殺掉，當然也就不能抹消自己的全部責任。只要存在一天，人就會有一天的責任；即使可以把其中的一半責任推給大環境，自己仍須負擔另外一半責任。

有一天，上帝對他的使者加百列說：「去！在那些正直人的前額上用墨水做個標記，這樣，破壞天使就不會傷害他們；在那些惡人的前額上用血做標記，好讓破壞天使消滅他們。」

這時，正義站到上帝面前問道：「宇宙之王啊！第一種人和第二種人之間有什麼不同？」

「第一種人是徹底的好人，」上帝回答：「第二種人是徹底的壞人。」

「宇宙之王啊！」正義爭辯道：「正直的人有力量反抗其他人的行為，可是，他們沒有這麼做。」

「可是，你要知道，」上帝回答：「即使他們反抗，邪惡的人也不會聽他們的話。」

「宇宙之王，」正義說：「你知道那些壞人不會改變，可是，那些正直的人知道這一點嗎？」

由於正直的人沒有反抗，上帝改變了主意，沒有把他們和邪惡的人分開。

——這是上帝對於一個放棄自身責任之人的處置。

在現實生活中，猶太人任何時候都不會逃避自己的責任，自己的責任一定自己擔。為了負起自己的責任，他們甚至可以傾家蕩產，可以犧牲性命。所以他們對他人一向講究誠信，在商場上注重契約。

有一個猶太人接到美國芝加哥一家公司三萬套刀叉餐具的訂貨單，雙方商定的交貨日期是九月一日。這個商人必須在八月一日從本港運出貨物，才能如期交貨。

但是，由於一些意外事故，他沒能在八月一日趕製出三萬套刀叉餐具。

這位猶太商人陷入了困境，但他絲毫沒有想到要給對方寫封情真意切的信，要求延期交貨並表示歉意，因為這本身就是違背契約，不符合猶太商法，並且也是逃避責任的做法。結果，他花下巨資，租用飛機送貨。三萬套刀叉終於如期交出，他雖然倒貼了一萬美元的空運費用，卻贏得了商場的信譽。

不逃避責任，正是猶太商人贏得金字招牌商譽的表現。

10 力求個人完美的民族

猶太人強調，人應該不斷地求進步；他應當竭力強迫自己，卻不可強迫他人。

「拉比啊！」一個婦人向拉比痛苦地抱怨：「我的丈夫是個傻瓜——他把所有的錢都給了窮人。請你讓他明白這麼做是犯罪。」

她正說著話，這時又進來一個窮人。這人暴躁地說：「拉比啊！我的妻子病得很重，我的孩子在挨餓，但我那富有的兄弟卻拒絕幫助我們。」

於是，拉比對那婦人說：「回去把你的丈夫帶來。」然後，他又對那飢餓的窮人說：「回去把你的兄弟帶來。」

兩個人都來了。

「你怎麼那麼不現實，為什麼把錢都給了別人？」拉比問那個仁慈的人。

「一個人的生命在世界上就像心跳一樣短促。」那個人回答：「我害怕死亡會剝奪我做好事的權利，所以我分散了我的家財。」

「那你為什麼這麼吝嗇、冷酷，」拉比問那個富有的兄弟：「竟然不幫助自己親人？」

「拉比啊！」守財奴回答：「人怎麼知道他哪一天會死？如果我活一百二十歲的話，難道我應當在老年的時候一無所有嗎？」

拉比沉思了一會兒，然後帶著一抹神祕的微笑說：「希望上帝保佑你們每個人實現自己最害怕的事！」

拉比的話中含意是：仁慈之人的優點應該發揚，守財奴的缺點要改正，否則就讓他們去親身體會一下自己所擔心的，會收到什麼樣的危害。

在現實中，猶太人經常用「完人」的標準激勵自己。

「完人」只是一種理想，人絕不可能完整無缺。然而，拉比說，理想的完人猶如廣闊的海洋上一顆引導航行方向的夜空之星。

當水手們航行在茫茫無涯的水面上，放眼望去，不見邊際，這時，他們可以追隨天邊的一顆星，朝著它航行過去，就能到達目的地。水手們絕對無法航行到那顆星球。可是，他們仍然不放棄，依舊追求著星星。這樣才能更接近它，藉由它引導正確的航道。

否定不求上進的凡人之舉，不斷地以理想的完人作為人生的目標，所以猶太人成為世界上最優秀的民族之一。對於猶太民族來說，雖然人是不完整的，卻應當熱切地接近完整，以便由此走上正確的道路。

11 即是施捨，也不能傷害對方的自尊

猶太民族是一個善於施捨的民族。他們並不把施捨當作一種「行善積德」，而認為它是在履行一種「公共義務」。

猶太人的重視施捨，可以見諸下面的例子：地主們在收割時，常常留下一定量的莊稼讓窮人撿拾。收獲季節掉在地上的幾捆小麥或幾堆玉米屬於窮人，長在地邊上的莊稼也屬於窮人。這樣做，農民並沒有把落穗親手遞給窮人；那些窮人只是拿了被認為屬於他們的東西。

《塔木德》上記載了這樣一則故事——

某個地方有一家很大的農戶，戶主被稱為當地最慈善的人。每年拉比都會到他家訪問，每次他都毫不吝嗇地捐財獻物。

這家農戶有一塊很大的農田。不幸，有一年，這家農戶遭到風暴和瘟疫的襲擊，所有的農田和果園都慘遭破壞，全部牲畜都死光了。債主蜂擁而至，把他所有的財產都扣押抵債去了，最後只剩下一小塊土地。那戶主說：「神賦予的東西，神又奪回去，有什麼好說的呢？」

他泰然處之，絲毫沒有怨天尤人之意。

那一年，拉比像往年一樣，又到這農戶家拜訪。見他們家道中落，拉比表示了同情，無意再請他捐獻。

這時，戶主的太太說：「我們時常為建造學校、維持會堂貢獻，為窮人和老人捐款，今年拿不出錢來，實在遺憾！」

後來，夫婦倆覺得讓拉比空跑一趟，於心不安，便決定把最後剩下的那塊地賣掉一半，捐獻出來。拉比大感驚訝，頻頻表達感激之意。

有一天，那戶主在剩下的半塊土地上犁地，耕牛突然滑倒。他手忙腳亂地扶起耕牛，卻在牛蹄下發現了寶物。把寶物賣掉之後，他們一家又過上從前的富裕生活了。

次年，拉比又來到農戶家，以為他們還和原來一樣貧窮。可附近的人告訴他：「他們已搬入新居了，前面那所高大的房子才是他們的家。」

拉比走進大房子。那戶主高興地向他說明了近一年發生的事，並總結道：「只要樂於行善，命運必定會倒轉過來。這就是捐獻的報酬啊！」

猶太人不但好施捨，施捨時更懂得為接受施捨的窮人保住尊嚴。他們把施捨視為一種公共義務，又重視維護接受施捨者的自尊。這很有利於人與人之間的互濟互助，有利於社會的和諧穩定。

12 對待死者的明智方式

在猶太人的生活觀中，一個人必須對死者表示敬意，死者必須受到恆久的保護。對待死者，他們採取的明智做法是：安葬死者，既隆重又簡約。

猶太人安葬死者時，少有其他民族的舖張之舉。但是，一個人的死亡畢竟不是一件小事。猶太人對此事的處理是「只務虛，不務實」，即只強調號哭、祈禱、吊唁；最強烈的表現不過就是全家人一個月內不洗臉。他們不像其他民族那樣大肆操辦喪事，大宴賓客，大搞排場。

猶太人在對亡者表達哀思上，更為明智、更值得人們學習的還有如下方面：親人死亡雖是很悲傷的事，但過度悲傷，有損健康。所以，服喪一周之後，就可以外出。這是表示最悲痛的日子至此為主，不可再繼續哀傷下去。

除此之外，在葬禮的形式上，猶太人並不因人的地位或財勢而有所差異。因為他們重視人的內在品德，不以外在的物質條件區別人的價值。無論是家財萬貫的大富翁或貧無立錐之地的人，無論是學識淵博的學者或目不識丁的文盲，凡是猶太人，死時都身穿同樣的白布；親朋好友也都穿著相同的服裝去參加葬禮。

在以色列，對於葬禮，除了國家元首、政府首腦、政界及軍界要人死後舉行國葬之外，沒有一等、二等安葬的區別，安葬儀式完全相同，全都非常簡樸。

總而言之，猶太人對死者非常尊重，對死者的葬禮則是採取相當明智的原則——隆重而簡約。

13 將健康視為信仰的一部分

猶太人日常特別注重保持潔淨，講究衛生，甚至說把這樣的規範，提升到宗教信仰的高度，也不為過！

某個拉比給學生授完課後，陪他們走了一段路。

學生們問道：「老師，你要去哪兒？」

「去履行一項宗教責任。」

「哪一項宗教責任？」

「到浴室去洗澡。」

學生繼續追問：「這是宗教責任嗎？」

拉比回答：「一個人若是被指派去擦洗劇院和馬戲場中的國王雕像，他做這活兒不僅得到了錢，還結識了貴族。那麼，照著上帝的形象被創造出來的我，不更應

該保養我的身體嗎？」

在這則猶太拉比軼事中，保持身體的清潔被視為一種宗教責任。這是因為猶太人認為人體是上帝的作品，當然應當受到敬奉。

身體是上帝和父母所給予，出於對創造者的尊敬，每個人都應該堅持每天都洗臉、洗手和洗腳。

雅基巴拉比在遭到羅馬人監禁時，責粗麵粉的約瑟夫拉比每天都去照料他，並給他帶些水去。

一天，獄卒遇見約瑟夫，喝斥道：「你帶來的水太多了！你是不是企圖在監獄裡用水打洞，幫囚犯逃跑？」

於是，他把水倒掉一半，再把剩餘的還給約瑟夫。

當約瑟夫把只剩一半的水交給雅基巴，雅基巴見狀說：「你難道不知道我已經老了，我的生活離不開你所帶的東西嗎？」

約瑟夫說了適才發生的事。

雅基巴說：「給我水，我洗洗手。」

約瑟夫高聲說：「那就不夠喝了！」

雅基巴回答：「既然律法規定不洗手的人都該死，我又能怎麼辦呢？我最好還是因自己的緣故而渴死，也不要違背法律的規定。」

果然，在洗淨手之前，他一滴水也沒喝。

毫無疑問，猶太人講究衛生的生活觀念，有助於他們保持和獲得健康的身體。更何況，良好的衛生習慣，本來就是預防疾病的最佳良方。

14 既淡定又現實的人生觀

在生活中，為了保持平衡，應當在更廣闊的背景下接受自我的位置。

正如猶太傳說中的先賢和智者阿卡馬雅．瑪哈拉雷爾所說：

「人正如來自母親的子宮，終究還要離開，和來的時候一樣赤裸裸地。」

這好比一隻狐狸，發現了一座葡萄園，但它四面八方都圍著籬笆，只開了一個很小的洞口。牠試圖進去，可是進不去。

怎麼辦？牠連續三天沒有吃東西，折騰得瘦骨嶙峋，終於從那洞口鑽了進去。牠在葡萄園裡大吃起來，把自己養得胖嘟嘟的。

待牠想離開的時候，卻已沒法鑽出那個小洞。

所以，牠只好再次連續餓了三天，直到又變得瘦骨嶙峋。然後才終於能夠鑽出那個洞口。

離去的時候，牠回頭看看自己待了好幾天的地方，說：「唉！葡萄園啊葡萄園！你那麼美，你的果子那麼好吃，你的一切都值得讚美。可是，你給了我什麼享受呢？誰進去了，到頭來誰都得離開。」

一個男人走入華沙的小酒館。這時已是晚上，他聽到音樂和跳舞的聲音從隔壁的房子裡傳過來。「他們一定是在慶祝婚禮。」他這樣想著。

但是，第二天晚上，他又聽到同樣的聲音。第三天晚上還是這樣。

「一戶人家，怎麼有那麼多婚禮呢？」這個人問酒館主人。

「那房子是一座結婚禮堂，」酒館主人說：「今天有人在那裡舉行婚禮，明天還會有別人。」

「對於世界來說，也是這樣。」一個哈西德派的拉比說：「人們總是在享受，但有時候是這些人，有時候是另外一些人。沒有誰是永遠快樂的。」

因為生活為一切而存在，為世間的每一種經歷而存在。

有顛覆之時，有建設之時；有哭泣之時，有歡笑之時；

有哀號之時，有舞蹈之時；有往外扔石之時，有收集石頭之時；

有擁抱之時，有分離之時；有尋獲之時，有失落之時；

有保存之時，有丟棄之時；有生之時，有死之時。
有播種之時，有收割之時；有殺戮之時，有救助之時；
有撕裂之時，有縫合之時；有沉默之時，有言笑之時；
有愛戀之時，有憎恨之時；有戰爭之時，有和平之時。

在生活中，每個人都莫因所獲得的渺小而放棄，應當知足長樂。

一條落入網中的小魚對漁夫說：「我太小了，不值得你一吃。或煮或煎，我都不能保佑你的靈魂。你把我放了，讓我再長長，滿兩年以後，我一定來讓你吃。到那時候，你就會在老地方找到我，發現我大多了，比從前胖了七倍。那時，如果你把我煮在水裡，你全家一定像過節一樣開心，那我就能永遠擁有你的心了。」

漁夫回答：「與其將一頭巨獸讓我的鄰居們管制一年，還不如有條小魚就抓在我自己手中。」

每個城市都知道這則寓言，每個人都能說出故事中的含義：

別人手裡一堆堆的希望，比不上你自己手中把握著的小小滿足。

在籬笆上蹦蹦跳跳的兩隻鳥，還比不上關在籠子裡面的一隻鳥。

15 坦然承受生活中的遭遇

《父親道德》一書中，有一句具有相當智慧的格言：「什麼樣的人是富有的？就是對命運感到滿意的人。」

這段話，字面之意為：「在這個世界上最富有的人，就是知足的人。」它還用來強調一種信念，即對生活中所遭遇的一切，應當坦然承受。

納胡姆本人是一個來自小鎮的早期的《律法書》學家。他因虔誠和對生活的嚴謹態度而著名。隨著名氣愈來愈大，有關他的傳說多了起來，他的名字也改變了，就像故事中說的那樣。

從前，住在以色列的猶太人想送一份禮物給國王。反覆討論之後，他們決定讓納胡姆去送禮物，因為他經歷過很多奇特的事。他們把一個裝滿了寶石和珍珠的袋子交給他。

路上，他在一家小客店過夜。趁著他睡著的時候，店主人把寶石盜光了，然後在袋子中塞滿了泥土。

第二天早上，納胡姆發現了。他對自己說：「這也是出於好意！」

到達目的地，他打開禮物。大家都看到裡面裝滿了泥土。

「猶太人在嘲弄我！」國王怒喝。他下令把納胡姆處死。

納胡姆還是說：「這也是出於好意！」

這時，先知以利亞裝扮成國王的大臣出現，對國王說：「這也許是他們的族長亞伯拉罕的泥土。當他把泥土扔向敵人，泥土都變成了劍；當他扔向草根，草根都變成了箭。」

當時，國王還有一個沒能征服下來的敵國。

再次出征，國王的軍隊把這些泥土擲向敵人，果然很快就把敵人打敗了。

國王高興極了，讓人把納胡姆帶到皇家寶庫。在那兒，他把納胡姆的袋子裝滿了寶石和珍珠，讓這位猶太人的使者滿載著榮譽回家。

歸途中，納胡姆又來到從前經過的那家小客店。店主人問他：

「你給國王送去了什麼，他獎賞你這樣高的榮譽？」

「我給他帶去的就是從這裡拿走的東西。」納胡姆回答。

於是，店主人又裝了一大袋泥土，親自帶去獻給國王，說：「不久前納胡姆送給你的泥土，其實是屬於我的。」

國王讓人檢查店主帶來的泥土，發現它沒有一點魔力，就把店主處死了。

由這個故事，我們可以發現：坦然承受生活中的遭遇，是猶太人極高明之處。世界上有很多人，面對措手不及的遭遇，都會舉止失常失態，反而把事情處理得更糟糕。因此，面對人生的橫逆，我們更應該沉著應對，並且要往正面去思考！

16 美好生活的規則

《傳道書》中這樣讚美美好的生活——

「美麗、力量、財富、榮譽、智慧、年老、成熟和孩子氣都是正當的，而且它們就是世界。去吧！高高興興地吃麵包，快快樂樂地喝酒！你的行為早已得到上帝的恩准。把你的衣服洗得乾乾淨淨，頭上永遠不要缺了香油。和你鍾情的女人共浴愛河吧！一生中飛馳而過的歲月都是在陽光下賦予你的——你所有飛馳而過的歲月。僅僅為此，憑著你在陽光下所獲得的權利，你可以盡力發掘生活。

「不管如何，只要在你權利許可的範圍內，你就用最大的力量去做。因為在你即將進入的未來世界裡，沒有行動，沒有思想，沒有學問，沒有智慧。

「即使一個人已經活了很久，也要讓他盡情享受。要記得將來黑暗的日子多麼漫長，那惟一的將來是一片虛空！」

依猶太人之所見，一個人不但應該承受日常中遭遇到的困難，還得讓自己享受生活中的快樂。世間除了快樂之外，還有罪惡跟在後面。因此，生而為人，應該防止過度貪婪。

例如，當一個人習慣了高高興興地吃喝，一旦吃不上、喝不了，他就會感到失望，就會捲入最辛苦的事務，為了錢財奔波，只為了保有他已經用慣了的餐桌。這必然引發狡詐和貪婪；隨之而出的是偽誓謊言和其它一切由此而來的罪惡……反之，如果他未受快樂的引誘，就不會墮入這些罪惡的深淵。

正如《塔木德》所警示的——

肉食越多，蛆蟲越多；
財產越多，憂慮越多；
妻子越多，魔法越多；
婢女越多，不貞越多；
男僕越多，搶劫越多……

猶太人這種把自我滿足和自我約束結合起來的生活方式，正是其高明之處。

17 不恥下問的智慧

猶太人碰到任何不瞭解的事物，他會毫不猶豫地向他人請教。而且，向誰請教，他有自己的觀點——

不要去請教懷疑你的人，或把你的想法告訴他；

不要向女人問她的對手，或向懦夫問戰爭；

不要向商人問合約，或向買主問交易價格；

不要向吝嗇鬼問感激，或向硬心腸的人問善行；

不要向游手好閒的人，問任何工作中的事情；

不要向一個散漫的人，問如何完成工作；

不要向懶惰的僕人，問嚴格的任務。

猶太人不害怕向他人請教，又很聽從自己頭腦的判斷，因為它是人們最可信賴的顧問。在猶太人看來，向別人請教，並不代表自己無知，只是為了更精確地解答疑難。因為一個人根本不可能精通一切。

舉個例子：如果我想要一個金杯，就去找金匠，我並不感到羞愧；對其它東西也一樣。如果需要，我就去找那些上帝賜予他們特殊技能的人。

虛心向他人尋求忠告，這正是猶太人生活中的高明之處。

18 不幸比死亡更可貴

人生在世，有時當我們要離開之際，往往連一半的願望都還沒有實現。

有一百塊錢的人，想把它變成兩百塊；有兩百塊錢的人，想把它變成四百塊。

強迫時間的人，必然被時間趕回來。反之，向時間屈服的人肯定會發現，時間一直站在他的身邊。

拉比伯迪看見一個人匆匆忙忙地在街上走，既不往左看，也不往右看。

「你為什麼這麼著急？」他問那人。

「我在追趕生計。」那人回答。

「你怎麼知道你的生計在你前面跑，而你必須在後面追？它也許在你身後呢，你只需要安靜地站著。」

當身外的裝飾都消失時，你只剩自己——你所成為的那個人。

從前有一隻獅子，又老又衰。牠腰上有病，所以感到很痛苦。牠的未來一片渺茫，死亡隨時隨地都會降臨了。

所有的野獸都來探望這隻奄奄一息的獅子。有的出於安慰病人的愛心；有的是為了看到牠如何痛苦；有的是圖謀繼承牠的統治權；有的想知道牠死後究竟由誰掌權。

於是，公牛過來頂牠，想知道牠還有沒有力氣；小母牛用蹄子踩牠；狐狸用牙咬牠的耳朵；母羊用尾巴打著牠的鬍鬚，說：「牠什麼時候死，牠的名字什麼時候消失？」公雞啄牠的眼睛，敲碎了牠的牙齒。

獅子的靈魂回來了，牠看到敵人們正興高采烈，牠於是喊叫起來：「唉！我曾經信任的朋友輕視我，我的力量和光榮都反對我，我從前的僕人都對著我作威作福，曾經愛我的人都成了我的敵人……」

這則寓言說的是：一個擁有財富和榮譽，鄰居們都爭相奉承的人，當他遇到不幸，被迫服從，受到貶抑，那些曾經愛他的人都會搶先離開。

19 家庭是世界的中心

在猶太人看來，對他人的愛源於家庭之內的愛，即對兄弟姊妹的愛。

有兩個農民兄弟，一個和妻兒一起，住在山的一邊；另一個還沒結婚，住在山的另一邊一間小草屋裡。

有一年，兄弟倆的收成都特別好。已結婚的哥哥查看自己的土地，心想：「上帝對我真好。我有妻子和孩子，莊稼多得超出我的需要。我比我的兄弟好多了，因為他一個人孤零零地過哪！今天晚上，趁我兄弟睡著的時候，我要把我的莊稼背幾捆放到他的地裡。當他明天早上發現時，怎麼也想不到是我放的。」

在山的另一邊，沒有結婚的弟弟看著自己的收穫，心想：

「上帝對我很仁慈。但是，我希望他對我的哥哥也同樣好。他的需要比我大多了。他必須養活妻子和孩子，可是我的果實和穀物與他一樣多。今天晚上，當哥哥一定睡著的時候，我要背一些糧食放到我哥哥的地裡。明天，當他發現的時候，怎麼也不會知道我的少了，他的多了。」

所以，兄弟倆都耐心地等到半夜。然後各自肩上背著糧食，向山頂走去。午夜時分，兄弟倆在山頂相遇了，都意識到對方是為了幫助自己。兄弟倆擁抱在一起，高興地哭了。

顯然，越是處於險惡的社會環境中，和平家庭中的溫馨親情越能使散居的猶太人感受到「共同體」的溫暖，從而產生強烈的向心力。這種朝著直接共同體——家庭——的向心力匯聚在一起，便是整個猶太民族的凝聚力。

20 尊敬父母的方式

人有三個伴：上帝、父親、母親。一個人應該尊敬父母，不僅僅因為他們把他帶到這個世界，更因為他們給了他道德教訓。每一個真正的人都必須尊敬父母。

一頭騾子在路上走，遇到了一隻狐狸。狐狸從來沒有見過騾子。牠觀察著騾子臉上的莊嚴神氣，眼睛很明亮，耳朵很長，心裡說：「我看到的這是誰呢？這個傢伙是何等造物？我還從來沒有看到像牠這樣的……」

於是，牠問騾子是誰生的。

騾子回答：「我的叔叔走起路來很驕傲，牠是國王的坐騎。打仗的時候，牠騰跳奔躍，猛烈刨地，脖頸上披覆著鬃毛，高貴的嘶鳴令人恐懼。牠的蹄子像燧石，它們渴望鏖戰和毀滅……牠的眼睛像火焰，像閃電，它是主人的力量之塔。牠伸出脖頸向前……這就是騾子的家譜。」

這則寓言說的是：把自己從頭到腳華麗地裝扮起來的人……他裝出很偉大的樣子。但是，當有人問及他的名字和血緣，他怕說出自己的父母，不光彩，就扯些可以使他顯得尊貴的親戚，一點兒也不說誰生了他……

要尊敬父母，重要的不是你做了什麼，而是你怎麼做。

一個人可能給父親吃肥雞而下地獄，另一個人可能讓他的父親在磨坊裡做工而進入伊甸園（聖經原意是快樂無憂的園子）。

為什麼給父親吃肥雞的人還要下地獄？

有一個人常常給父親吃肥雞。有一次，父親對他說：「孩子，你從哪裡得到這些雞？」他回答：「老東西，別出聲，你就吃吧！就像狗那樣吃東西的時候不要出聲音。」這樣的人雖然給父親吃肥雞，卻必定下地獄。

一個人怎麼可能讓父親在磨坊裡做工，還能進入伊甸園？

有個人在磨坊裡工作。國王下令，每一戶必須出一個男人給自己幹活。這個人對他的父親說：「父親，你待在這裡，替我在磨坊工作，我要給國王幹活去了。因為如果工人受辱，我寧願自己承受，不願你承受。如果有責罰，希望挨打的是我而不是你。」這樣的人讓父親在磨坊裡工作，就能進入伊甸園。

一個人不能在言辭中對父親失敬。為什麼？

比如，如果父親年紀大了，早晨想早點吃飯，就像一般的老人那樣。他要求兒子早點弄吃的。兒子卻說：「太陽還沒升起來呢，你就起床要吃的。」

或者父親說：「孩子，你給我買這件衣服、這些吃的，花了多少錢啊？」兒子說：「我買了，已經付了錢，不關你的事，別問了！」

或者兒子自己想著：「這個老傢伙什麼時候死？那時候我就解脫了。」

如果父親不小心違犯了《律法書》，孩子不能斥責他：「父親，你犯法了。」也不能說：「父親，《律法書》是那樣規定的嗎？」

之所以不能這樣說，因為這兩種說法都是對父親的侮辱。

他應該引用原文，說：「父親，《律法書》是這樣規定的。」藉此讓他的父親自己得出結論——我錯了。

Lesson 04

財富智慧

猶太人在顛沛流離的流亡歷程中，成為最典型的金錢主義者。雖然他們並未把金錢視為生活的依托，卻畢生追求金錢，而又不被金錢所奴役。在他們的心目中，金錢不是罪惡，也不是詛咒，金錢是散發溫暖的生活「聖經」。

1 金錢無貴賤

猶太人對錢的觀念自有見解，他們說：「金錢無姓氏，更無履歷表。」他們認為，不管方法如何，只要是通過經營賺來的錢，均拿得心安理得。因此，他們千方百計地大力經營，儘量賺取更多更多的錢。不管這些錢是農夫賣了產品得來，或是賭徒贏來的，還是知識分子以腦力賺來的，都收之無愧，泰然處之。

一八七二年，年僅二十四歲的猶太人哈同到了上海謀生。當時，他幾乎一無所有。他立志要發財，但一無資本，二無特長和靠山。終於，在一家洋行找到一份看門的工作。對於血氣方剛的年輕人而言，看門的工作極其難堪。但哈同不那麼想。他認為看門賺來的錢是一種報酬，毫無丟臉和失身分之說。在他看來，只要是自己流汗掙來的錢，就無愧於心。後來他從看門人當上了「大班」，開始在上海呼風喚雨，賺翻了中國人的大把銀子，成為巨富。

2 現金主義

猶太人在流浪的歷程中，由於驅逐和殺戮時刻威脅著他們，他們必須時刻準備攜帶現金流亡。於是猶太人在金錢方面還有一個很特別的地方，就是遵守現金主義。有一則趣談，正好說明了這一點——

有一位猶太富翁在病危臨終之際立下遺囑：

「請將我的財產全部兌換成現金，用這些錢買一張高級的毛毯和床，然後把餘下的錢放在我的枕頭裡面，等我死後，再將它們一同放進我的墳墓。我要帶這些錢到天國去。」

富翁死後，親人依他的遺囑，準備將他所有財產換得的現金一同埋進他的墳墓。這時，他的一個朋友覺得這樣太可惜，就靈機一動，飛快地掏出支票和筆，簽下同等的金額，撕下支票，放入棺材。他輕聲對死者說：

「兄弟，金額與現金相同，你會滿意的。」

這則笑話說明了猶太人對現金的偏愛。

在日常生活及交往中，他們的現金主義表現得特別明顯。做生意時，猶太人關心的是現金，力求把一切東西都「現金化」。因為，在他們看來，面對繽紛複雜的社會，沒有人能預知明天會變成什麼樣，也無法向交易的對手保證，明天會發生怎樣的變化。人、社會及自然，每天都在變化，只有現金不變。這是猶太人的信念，也是猶太教的「神意」。

3 錢是窺探人格的「鏡子」

猶太人在兩千多年的大流散歲月之中，歷經迫害，放逐乃至殺戮，卻始終未被異民族同化，這和金錢有著不可分割的關係。因為一個民族一旦掌握了金錢，便掌握了生存和發展的空間。有了立足點之後，即使有再大的困難，也能熬過去，並且熬出頭來！

猶太人把錢當作一柄雙刃劍，既認識到它可以讓人生存，又認識到它可以腐蝕一個人的靈魂。所以說，錢是窺視人格的一面鏡子，透過它，既可以看出一個人的卑微，也可以看出一個人的高尚。

所羅門時期的某個安息日，有三個猶太人來到耶路撒冷。由於身上帶錢過多，不方便，大家商議著將各自帶的錢埋在一塊，然後就出發了。結果，其中一個人又偷偷地溜回來，將錢挖走了。

第二天，大家發現錢被盜了，便猜想：一定是自己人所為。但又沒有證據指出是哪個人所為。於是，三個人一起去向素以斷案英明著稱的所羅門王請求仲裁。

所羅門王聽完事情的經過，沒有急於問案，反而說：「這裡恰好有一道題解不開，請你們三位聰明人幫忙解一下，然後我再為你們做出裁決。」

於是，他講了以下的故事——

有一個姑娘，她曾答應嫁給某男，並訂了婚約。但不久以後，她又愛上另一個男子。於是，她向未婚夫提出解除婚約的要求。為此，她表示，願意付給未婚夫一筆賠償金。但這個男青年無意於賠償金，痛快地答應了她的要求。但是，不久，這個姑娘又被一個老頭拐騙了。後來，姑娘對老頭說：「我以前的未婚夫不要我的賠償金就和我解除了婚約，所以，你也應該如此待我。」於是，那個老頭也同樣答應了她的要求。

講完了故事之後，所羅門王問道：「請問你們三位，姑娘、青年和老頭，誰的行為最值得讚揚？」

三個請求裁斷的人當中，第一個認為，男青年能夠不強人所難，不拿一點賠償金，其行為可嘉。

第二個認為，姑娘有勇氣和未婚夫解除婚約，和真正喜愛的人結成連理，其行為令人敬佩。

第三個說：「這個故事簡直莫名其妙！那個老頭既然是為了錢才誘拐那個姑娘，卻為什麼不拿錢就放過她？」

所羅門王不等他說完，就指著他大喝一聲：「你就是偷錢的人！」

對此，所羅門王解釋道：「他們兩人關心的是故事中幾個人物的愛情和個性，你卻只想到錢。因此，你肯定是小偷無疑！」

這則故事說明：對於錢所抱持的態度，是一個人人格高低的體現。品行卑劣的人心中只有錢而不存道義；高尚的人由於注重道義，往往忽視金錢。在現實生活中，猶太人也往往根據一個人對於金錢的態度，判斷一個人的品質。

4 身靠心生，心靠錢生

金子即使在泥濘中，依然閃閃發亮！

兩千多年前，猶太人對金錢就有一種獨特的迷戀。

猶太民族的起源與歷史遭遇無疑決定了猶太人對金錢的態度。在很大程度上，它正反映出他們的社會、民族及文化的資本主義合理性之水平。

其一、猶太人屢遭驅逐、殺戮，每當形勢緊張，踏上流浪之路時，錢是最便於他們攜帶的東西，也是他們足以保證自己旅途中之生存的重要手段。

其二、金錢不具異端色彩，是他們同其他宗教的教徒打交道的媒介。

其三、猶太人為了獲得寄居城市的生存權，導致他們對金錢極度迷戀。歷史告訴人們，猶太人若非在金錢方面具有超強的智慧，早就被消滅殆盡了。而且，金錢也是猶太人相互之間最直接的救濟方式。

其四、猶太人的長期經商傳統，也使他們不可能鄙視金錢。儘管金錢在別人眼裡，只是媒介和手段，但在商人心中，金錢永遠是每次商業活動最終必然爭取的目標，也是其成敗的最終顯示。

綜上所述，金錢對猶太人來說，絕不僅止於財富的層面。金錢居於猶太人生死之間，居於他們生活的中心地位，是他們事業成功的標誌。在其他民族對金錢還抱有一種莫名的憎惡甚至恐懼之時，猶太人已經完成了從單純經濟學意義同文化、社會意義的劃時代跨越：錢已經成為一種獨立的尺度，一種不以其它尺度為基準，相反，可以凌駕於其它尺度之上的尺度。

此外，在猶太人看來，賺錢、攢錢並不是為了滿足直接的需要，而是為了滿足對安全的需要。安全的需要決定了是否能生存、發展，是否能掌握愛情、理想。而且，金錢的多寡與安全係數成正比。

5 真智慧為金錢效勞

有商業社會中，一個人成功的標誌，價值的實現，多半依靠財富的成功加以衡量。猶太人更是此中的佼佼者。他們靠自身的金錢智慧，終生不懈地追求財富，為自己贏得生存和發展的機遇。在猶太人的哲學中——能賺錢的智慧方為真智慧。否則，只是一隻背著很多書本的驢子。

猶太人中間流傳著一個智慧與財富的笑話——

拉比甲問拉比乙：

「智慧與金錢，哪一樣更重要？」

「智慧當然比金錢重要。」

「既然如此，為什麼學者、哲學家要為富人做事，而不是反過來，富人為學者、哲學家做事？」

「這很簡單！學者和哲學家知道金錢的價值，富人卻不懂得智慧的重要性。」從某一方面講，拉比乙的說法很有道理：正因知道金錢的價值，學者及哲學家才會去為富人做事；而富人不瞭解「智慧」的重要性，因而對其傲慢十足。

但追究到更深層，其調侃的意味更加深長：既然學者和哲學家知道金錢（財富）的價值，為何不能運用知識（智慧）去獲取金錢，卻單單受富人的奴役，掙取那份不成比例的「嗟來之食」呢？

很顯然，學者、哲學家並未擁有真智慧，他們擁有的只是一堆堆知識。儘管他們明白金錢的價值，卻無法駕馭它，或者說無法讓它為自己效勞。被金錢的狂態所驅使的「智慧」決不會比金錢更重要。相反，富人儘管沒有學富五車，卻能駕馭、聚斂金錢，並通過金錢奴役學者。富人的本領才是真智慧。

道理很簡單：金錢為智慧的尺度。即活的錢比不能生錢的智慧重要。但能生錢的智慧比單純的財富重要；而活的錢與能生錢的智慧不分高下。因為，只有化入金錢的智慧才是能生錢的智慧，融入智慧的錢才是活的錢。

6 不做金錢的奴隸

儘管猶太人把金錢奉為世俗的萬能上帝，但他們並沒有成為金錢的奴隸，在金錢的狂態面前俯首稱臣。

洛克菲勒習慣到他熟悉的餐廳用餐，用餐後，往往會付給服務員15美分的小費。但是，有一天，他用餐後，不知為何，僅付了5美分的小費。

服務員見小費比往常少，不禁埋怨道：「如果我像您那麼有錢，我絕不會吝惜那一毛錢。」

洛克菲勒毫不生氣，笑著說：「這也就是你為何一輩子當服務員的緣故。」

這位世界有名的億萬富翁，對金錢的看法就是：不但不做錢財的奴隸，相反，還把錢財當作奴隸役使。

金錢雖成不了慈悲的主人，卻能成為有用的奴僕。

7 錢的人生哲學

由於猶太人所憑倚的社會背景和所處的生活環境，使他們對金錢形成許多特立獨行的看法——

「賺錢不難，用錢不易。」

「金錢可能是不慈悲的主人，但絕對是能幹的奴僕。」

「金錢雖非盡善盡美，但也不致使事物腐敗。」

「並不一定貧窮人什麼都對，富人什麼都不對。」

「金錢對人所做的和衣服對人所做的相同。」

「讚美富戶的人並不是讚美人，而是讚美錢。」

從這些猶太格言中，不難看出猶太人把金錢視為工具的金錢觀。也許這就是世人認為「猶太人是吝嗇鬼」的依據。但他們不管別人怎麼評論與誤解，仍一如既往地理頭賺錢。

事實也確實如此，對錢財就必須如對女人一樣。只有如此，她才會聚集到你身邊。你越尊重她，珍惜她，她越心甘情願地跑進你的口袋。

對金錢，除了愛它之外，還要惜它。也就是說，除了動腦筋發財之外，還得想辦法保護已有的錢財。

猶太人這些很有哲理的金錢觀是他們經營致富的一套奧祕。據說洛克菲勒財團的創始人約翰．洛克菲勒曾發生過這樣一段趣聞——

洛克菲勒剛開始步入商界之時，經營上步履維艱。他朝思暮想，只希望發財，但苦於找不到途徑。

有一天晚上，他從報紙看到一則出售「發財祕笈」的廣告，高興至極。第二天，他急急忙忙到書店去買了一本。回到家，他迫不及待地把買來的書打開一看，只見書內僅印有「勤儉」二個字，使他大為失望和生氣。

這一晚，他寢不成眠，反覆思考著那「祕笈」的「祕」在哪裡？起初，他認為一本書只有這麼簡單的兩個字，可能是書商和作者在欺騙讀者。而且，他一度想控告他們。但經過千思萬慮，他越想越覺得此書言之有理。確實，要致富發財，除了勤儉以外，別無其它方法。

於是，他加倍努力工作，千方百計地增加收入。這樣堅持了五年，積存下八百美元，然後將這筆錢用於經營汽油，終至成為美國屈指可數的大富豪。

猶太人愛惜錢財的原理與勤儉相仿，他們既千方百計，努力賺錢，同時也想盡各種辦法，節省不必要的開支。這正他們的生意獲得贏利的祕密之一。

努力掙錢是開源的行動，設法省儉是節流的反映。巨大的財富需要努力才追求得到，也需要杜絕漏洞，才能積聚。

猶太人很會算賬。他們計算過，如果一個人每天儲蓄一美元，依照世界標準利率計算，一千九百八十八年後，可以得到一百萬美元。如果說一千九百八十八年時間太長，人生難待，但每日儲蓄一美元，堅持十年或二十年，也很容易就達到一百萬美元。因為這種有耐性的積蓄，很快就會得到利用，由此便會得到許多賺錢的機會，讓積蓄的錢發揮其生錢的作用。

8 大富不是用節儉得來的

從猶太人的眼光看來，金錢只有進入流通領域，才能發揮它「生錢」的作用。儘管儲蓄可以得到一些小錢，但永遠也成不了富翁，因為躺在銀行裡的錢和廢紙沒什麼兩樣。

猶太富商凱爾，資產達上億美元。然而，他很少把錢存進銀行，而是將大部分現金放在自己的保險庫。

一次，一位在銀行有幾百萬存款的日本商人向凱爾請教：

「凱爾先生，對我來說，如果沒有儲蓄，生活就等於失去了保障，將會惶恐不可終日。你有那麼多錢，卻不存進銀行，為什麼？」

「也許日本人認為儲蓄是生活上的安全保障，儲蓄的錢越多，心理上的安全保障程度越高。但這樣一來，也限制了錢的功能，減少自己賺大錢的機會，而且弱化了以錢生錢的商場遊戲規則。此外，在面對突發事件或天災人禍時，現金是最好的保證。」凱爾不慌不忙地答道。

日本商人雖然無法反駁，但心理總覺得不太服氣，便又問道：「那麼，你的意思是反對儲蓄囉？」

「當然不是徹頭徹尾地反對。」凱爾解釋道：「我反對把儲蓄當成嗜好，而忘記了等錢儲蓄到一定程度，可以把它提出來，再活用它，使它能賺到遠比銀行的利息多得多的錢。銀行裡的錢越存越多，在心理上會覺得有保障，便靠利息補貼生活費，這種依賴心理將使自己的經商才能鈍化掉了。」

9 金錢是人間的上帝

猶太人以重視金錢而聞名，他們雖以宗教作為生活的依托，但他們從不輕視金錢。這一點與其它宗教恰好相反。金錢在他們心目中非常重要，被看作是散發溫暖的生活「聖經」。

下面這則笑話，充分反映出猶太人對金錢的重視和偏愛——

有一次，有四個商人聚在一起，他們分別是佛教、基督教、伊斯蘭教和猶太教的忠實信徒，每個人都極力讚美自己所信仰的宗教，

佛教商人說：「我們佛教認為苦海無邊，回頭是岸，講究普渡眾生，以求來世的福報。」

基督教商人說：「滿浴聖靈之光的主教導我們，多多祈禱與懺悔，主就會

賜給我們力量。」

伊斯蘭教商人說：「真主經常保佑我們平安幸福！」

最後，猶太商人不慌不忙地說：「我承認你們信奉的宗教都很好。但是，世界上最好的宗教還是猶太教。為什麼呢？因為猶太人個個都精於經商賺錢，而且金錢被視為世俗的上帝。這表明猶太教是教人賺錢的宗教。如果大家都來信奉猶太教，每個人都依靠金錢爭取生存和成功，地球上就再也不會有戰爭爆發，貧窮和落後也不會再讓人無端煩惱了。」

10 精明的算計頭腦

精明是猶太商人經營風格中最顯著的特色之一。下面這則趣聞肯定會讓其他民族對猶太人的精明目瞪口呆。

一天，紐約一家銀行的貸款部走進一位猶太人。

「請問先生，您有什麼事需要我幫忙嗎？」

貸款部經理一邊出口詢問，一邊打量著來人的穿著：高檔次的西服、高級皮鞋、昂貴的手錶，還有領帶夾。

「我想借些錢。」

「唔！您要借多少？」

「1美元。」

「只需要1美元？」

「不錯，只借1美元。可以嗎？」

「當然可以。只要有擔保，再多點也可以考慮。」

「這些擔保可以嗎？」

猶太人從豪華的皮包裡取出一堆股票、債券等等，放到經理的寫字枱上。

「總共50萬美元，夠了吧？」

「當然！當然！不過，您真的只要借1美元嗎？」

「是的。」說著，猶太人從經理手裡接過了1美元。

「年息為6%。只要您付出6%的利息，一年後歸還，我們就可以把這些股票、債券還給您。」

「謝謝。」猶太人說完，就準備離開。

分行長恰好看到了整個借貸過程，但怎麼也弄不明白，一個擁有50萬美元的人，怎麼會來銀行借1美元。於是，他開口問道：「先生，我實在弄不明白，您擁有50萬美元，為什麼只借1美元？要是您想借更多一點，我們也會很樂意的……」

「謝謝您的好意！在我來貴行之前，問過好幾家金庫，他們保險箱的租金都很昂貴。所以我想在貴行寄存這些股票和債券。這裡的租金實在太便宜了，一年只須花6美分。」

這則廣為流傳的趣聞，並不是其他民族對猶太人過分精明所做的一種刻薄諷刺，而是猶太人自己堂堂正正的炫耀。

猶太人決不會為自己的「過分精明」而不好意思或羞愧。相反，他們為擁有這種精明而自豪，為自己有如此精明的念頭而洋洋自得。正是猶太人對待精明這種坦蕩的心態，促進了他們盤算能力的發展。進一步，這種不斷得到發展完善的精明，又使得他們在商業經營中立於不敗之地。

商場如戰場，機會稍縱即逝。就在其他民族的商人為自己是否顯得過於精明而瞻前顧後，拿不定主意，甚至將那個精明的點子擱置一旁的時候，他們同猶太人的距離拉開了。為此，他們敗在猶太人手下也就是必然的了。這正點出了猶太人經商智慧中的精明祕訣。

Lesson 05

經商智慧

猶太人具有與生俱來的經商天賦，對賺錢有著特殊的敏感性，在歷經兩千多年的邊緣生活後，總結出一整套實用的經商法則，使他們成為經濟王國內不可忽視的力量，獨特的經營技巧使他們摘取了「世界第一商人」的桂冠。

1 凡事都要有目標

人的生命雖然各有長短，但不管怎樣，每個人的一生都是非常寶貴的。因此，人必須珍惜自己難得的一生，努力在這有限的人生中實現自己的願望。當然，一個人在不同的社會、不同的背景、不同的時期，必然有不同的奮鬥目標。

猶太人因其民族的特性、所處的環境，普遍都能從小懷志，確立自己一生奮鬥的目標。正因為這樣，許許多多猶太人都能集中一生中有限的時間和力量，去攻克一個目標，不至於分散力量。也就因此，他們的成功率比其他民族高。

在人生的競賽場上，一個人若沒有確立目標，肯定很難獲得成功。許多人並不乏信心、能力、智力，只是尚未確立目標或沒有選擇目標，因此與成功失之交臂。

猶太人經商，首先注重經商的目標，在確立目標時，又能切合個人的實際和環境，決不會把自己的目標訂得遙不可及。其次，確立目標之後，他們必定全力以赴以求得成功，決不會半途而廢或隨意中止奮鬥。

英國的猶太人大衛・布朗就是一個明顯的例子。他的發跡過程，就是他一生所確立的目標實現的過程。大衛・布朗出生於一九〇四年，父親開了一家小型齒輪製造廠，幾十年間一直慘淡經營，僅能賺取一點生活費。儘管如此，布朗的父親是一個頭腦清醒的人，總結自己沒有選好奮鬥目標的教訓，把希望寄託在兒子身上。為此，他一方面嚴格要求布朗勤於學習和讀書；另一方面，每逢假日，就規定他到自己的齒輪廠參加勞動，與工人們一起艱苦工作，絕無特殊照顧。

他通過觀察，發現當代人對汽車的使用已經普及，預感到賽車將會成為人們的一種流行娛樂。為此，他克服了重重困難，成立了大衛・布朗公司，不惜投入重金，聘請專家和技術人員搞設計，採用先進的技術設備進行生產。

一九四八年在比利時所舉辦的一場國際汽車大賽中，布朗生產的「馬丁」牌賽車一舉奪魁獲得冠軍！大衛・布朗公司因此一舉成名，訂單如雪片般飛來。布朗從此走上發跡之路。

2 猶太人的78：22法則

猶太人認為，78：22是大自然中一個客觀的大法則，是縱觀全局、把握大趨勢的元素。它含蓋了宇宙中某些恆定的成分。因此，他們把它視為自己生活中的精神支柱，把它活用到謀生、做生意上，由此掌握住前進的方向。

在猶太人心目中，78：22法則為穩定又和諧的宇宙法則，是他們成功致富的根本。「78：22」法則是超乎一切的「絕對真理」，這個真理具有絕對性的權威、千古不變的地位。

舉個例子說，假如有人問，世界上放款的人多，還是借款的人多？一般人都會回答：「當然是借款的人多。」但是，經驗豐富的猶太人所給的回答恰恰相反。他們一口咬定：「放款的人佔絕對多數。」

實際情形正是如此。就銀行而言，它是個借貸機構。它將從很多人那兒借來的錢轉借給少數人，從中賺取利潤。用猶太人的說法，放款人和借款人的比例是78：22。銀行利用這個比例賺錢，絕不吃虧。否則，銀行就有破產之虞。

猶太人在經商過程中，也以這個法則作為基礎。

在一個國家中，富有的人遠遠少於一般大眾，但富人所持的貨幣佔了壓倒性的大多數。實際上，一般大眾所持有的貨幣只佔22%，而富人所持的貨幣佔了78%。因此，做生意時，必須以擁有78%貨幣的22%的富人為主要對象。

通常情況下，78%的生意是來自22%的客戶。這就要求企業界一定得認真研究和分析客戶的組成，應當把78%的精力放在22%的最主要客戶上，而不能平均使用力量。猶太商人主張經營鑽石、高級皮草、皮包等奢侈品。因為這樣的生意就遵從了78：22法則。

在投資方面，猶太人同樣本著「78：22」法則運作。他們認為，不能賺錢的投資就因為不符合「78：22」法則，從而難以運轉下去。要賺錢，在經營中就必須懂得核算。這正如一個正方形的內切圓，投入的資本起碼要達到一定的利潤回報率才合算。如果達不到這個比率，就不合算乃至虧本，這樣的生意絕不能做。

放高利貸的賺錢法，是從猶太人開始做起的。

在英國和歐陸發生產業革命之時，猶太人瞄準了企業發展急需資金的狀況，以高利率把錢借給那些企業，得到的回報比自己辦企業賺的錢還多，而風險相應減少。這就是運用「78：22」法則的一種表現。

後來，猶太人又注意到各國經濟正不斷發展，需要更多的資金發展，以放高利貸的分散形式已滿足不了需要。於是他們把分散的金錢積聚起來，設立正式的金融機構，集中力量，投資到耗資多而回報率高的大項目。這樣做既滿足了企業發展的需求，又解決了當地政府發展經濟的難題，自己更可以從中得利。

掌握了「78：22」法則的猶太商人猶如商場上的雄鷹，他們能快速地捕捉商機，進而施展巨大的魔法。由於「78：22」法則根深柢固地生長在猶太人心底，所以他們能掌握世界上絕大多數的財富。

3 賺錢是商人的天職

在人類歷史上，金錢曾被基督教徒廣泛地看作一種罪惡或至少是準罪惡的東西，但猶太人除外。在猶太人看來，賺錢是最自然不過的事，能賺到的錢如果不賺，那簡直是對錢犯了罪。

大財閥希爾斯是猶太商人的傑出代表，他的始祖名為邁耶・希爾斯。少年時代，他在另一個成功的猶太商賈處當學徒。後來，他自立門戶，經營古董商店，以貴族巨賈為推銷對象。在十八世紀後半期至十九世紀歐洲動亂期間，他因善於應變和經營，獲得了巨大的贏利。他的經商手法可以說是猶太商人的典範，他的座右銘把猶太商人的思想表露得淋漓盡致。

猶太人嗜錢如命。為了賺錢，他們絞盡腦汁，用盡千方百計。

有一個這樣的故事——

加利是一個貧窮的猶太教區的拉比，他寫信給倫貝格布一位有錢的煤炭商，請對方為了慈善的緣故，贈送幾車皮的煤炭。

商人回信說：「我們不會白送東西給你們。不過，我們可以半價賣給你們60車皮煤炭。」

拉比加利表示同意，於是先要30車皮煤炭。

但是，交貨三個月後，他們既沒付錢，也不再買。

不久，煤商寄出一封措詞強硬的催款書。

沒幾天，他收到該教區拉比加利的回信：

「……您的催款書，我們無法理解。您答應以半價的方式給我們60車皮煤炭，減掉了一半，30車皮煤炭正好是等於您答應要減去的價錢。所以，這30車皮煤炭我們要了，而另外那30車皮煤炭我們不要了。」

煤炭商憤怒不已，但又無可奈何。他在高呼上當的同時，卻又不得不佩服拉比加利的聰明。

在這件事例中，拉比加利既沒有耍無賴，也沒有搞騙術，他僅僅利用這個口頭協議的不確定性，就氣定神閒地坐在家裡，等人「送」來30車皮煤炭。

這就是猶太人與眾不同的賺錢腦袋。

猶太人愛錢，而且從來不隱瞞自己愛錢的天性。為此，世人在指責他們嗜錢如命、貪婪成性的同時，又深深折服於他們在金錢面前的坦蕩無邪。只要認為是可行的賺錢法，猶太人一定埋頭大賺。

賺錢天然而合理，賺到了錢才算真聰明。這就是猶太人經商智慧的高超之處。

4 猶太人的交易規則

依《塔木德》所言，商業交易必須遵守一種特殊的行為規範：交易就是交易，而不是為交易而交易。它教導人們做一個有道德的商人，而不是做一個惟利是圖的商人。交易強調的是道德和善行。

猶太人認為：買者的權利，即使沒有明文規定，也必須加以保障，買者仍然有權要求他所買的東西必須品質優良，毫無缺陷。即使賣者打出「貨物出門，概不退換」的口實，買方若事後發現東西有瑕疵，也有權要求退換。但是，賣方若事先聲明貨物有缺陷，而買者願買，買後便可不必退換。這是契約，雙方必須遵守。自願吃虧與上當受騙是兩回事。

《塔木德》堅持保護買方利益的原則。買方可在購買到東西後一天至一星期之內，拿著所買的東西去請教別人。因為買主不一定對所買的東西很內行，由懂行者做出判斷，然後決定是否退換，這是允許的。在那時，猶太人就有監督買賣之度量的官員。夏天和冬天，丈量土地的繩子不一樣長；天氣變化，繩子伸縮有度。販賣液體貨物，裝貨的甕底若留下前貨的殘渣，便被視為不公平，官員有權過問。

《塔木德》之前的年代，商品沒有統一價格，價錢由賣方張口要。但若買主買貴了超過一般行情的六分之一以上，這樣的交易可以視作無效，貨、款各退回本人。這是《塔木德》所訂的規律。它不光保護買方的利益，同時也保護賣方的利益。當買方沒有購買的誠意時，就不可以進行商談；如有人表示願意購買某商品，他人就不可爭購，避免惡性競爭或任意抬價。

可以這樣說，猶太商人是最具商業道德的買賣人。猶太人之所以能夠摘取「世界第一商人」的桂冠，與此分不開。

5 以善為本的經營策略

許多猶太巨賈在發財致富之後，會不約而同地出現一種舉措——慷慨解囊，捐獻各種善事和公益事業。

十九世紀中期至二十世紀初的俄國大銀行家金茲堡家族，從一八四〇年創立第一家銀行起，經過幾十年的經營，在俄國開設了多家分行，並與西歐金融界建立了廣泛的業務關係，發展成俄國最大的金融集團，其家族成為世界知名的大富豪。金茲堡家族像其他猶太富豪一樣，在發跡過程中做了大量慈善工作。

在獲得俄國沙皇的同意之後，金茲堡在聖彼得堡建立了第二家猶太會堂。一八六三年，他又出資建立俄國猶太人教育普及協會；用他在俄國南部的莊園收入建立猶太農村定居點。

金茲堡家族第二代繼續把慈善工作做下去，曾把家族擁有的歐洲最大圖書館捐

贈給耶路撒冷猶太公共圖書館。

美國猶太商人施特勞斯從商店記帳員開始，步步升遷，最後成為美國最大的百貨公司之一的總經理。到了二十世紀三十年代，他已成為世界上首屈一指的巨富。在他事業成功的過程中，也做了大量的慈善活動。

除了關心公司職工的福利之外，他曾多次到紐約貧民窟探訪，捐資興建牛奶消毒站；並先後在美國36個城市給嬰幼兒分發消毒牛奶；到一九二〇年止，他捐資在美國和國外設立了二九七個施奶站。他還資助建設公共衛生事業，一九〇九年，在美國新澤西州建立了第一個兒童結核病防治所。一九一一年，他到巴勒斯坦訪問，決定將他三分之一的資產用於在該地興建牛奶站、醫院、學校、工廠，為猶太移民提供各項服務。

事實上猶太商人做善事的同時，更精練出「以善為本」的生意經。他們大量捐資，為地方興辦公益事業，必然贏得當地政府的好感，對他們開展各種經營十分有利。有些猶太富商由於對所在國的公益事業做出重大之義舉，獲得了國王的封爵。如羅斯柴爾德家族當中，就有人被英王授予勳爵爵位。有些猶太人更獲得所在地政府給予優惠條件，開發房地產、礦山，修建鐵路，從而拓寬了賺錢的路子。

歸根究柢，猶太人熱心捐錢辦公益事業，除了善舉，還是一種營銷策略。這種營銷策略為企業提高知名度，擴大影響力，博取消費者的好感起到重大的作用，對企業鞏固已佔有的市場及日後擴大市場佔有率必然助益甚大。

猶太商人之所以把「以善為本」當成一項重要的經營策略，除了與其民族的歷史背景有關外，也因為它是一種促銷的好辦法。猶太人認為，人是群居動物，人際關係的運用，對事業的影響很大。政治家因得人而昌，因失人而亡；企業家因供應的商品或服務，為人所歡迎而發財。顯而易見，與人為善，處理好人與人的關係，是猶太人經商智慧中不可或缺的一環。

猶太人看出，人的內心都有希望受人注目、被人重視、獲人容納的願望。所以，猶太商人為了充分利用人類內心深處所潛藏的慾望，他們用善意、親切、溫和的態度與人交往。

此外，猶太人還瞭解，一個成功的商人必須與人和諧相處，具有容納別人之缺點和短處的雅量。

6 商場上沒有君子

在猶太人之間，無論有無契約，只要他們口頭答應，就可以信任。但是，若對手為非猶太人，縱然有契約約束，他們也不予信任。

這裡有個關於美國石油大王約翰·洛克菲勒的故事。

十九世紀初，德國人梅里特兄弟移居美國，定居密沙比。無意中，他們發現密沙比是一片含鐵豐富的礦區。於是他們用積攢起來的錢，祕密地大量購進土地，成立了鐵礦公司。洛克菲勒後來也知道了，但由於晚到一步，只好在一旁垂涎三尺，等待時機。

一八三七年，機會終於來了。由於美國發生了經濟危機，市面上銀根告緊，梅特里兄弟陷入窘境。

一天，礦上來了一位令人尊敬的本地牧師。梅特里兄弟趕緊把他迎進家中，待為上賓。聊天中，梅特里兄弟的話題不免從國家的經濟危機談到自己的困境。牧師聽到這裡，連忙接過話題，熱情地說：「你們怎麼不早告訴我呢？我可以助你們一臂之力啊！」

走投無路的梅特里兄弟大喜過望，忙問：「你有什麼辦法？」

牧師說：「我的一位朋友是個大財主，看在我的情面上，他肯定會答應借給你們一筆款子。你們需要多少？」

「有42萬就行。可是，你真的有把握嗎？」

「放心吧！一切由我去辦。」

梅特里兄弟又接著問：「利息多少？」

梅特里兄弟原本認為肯定是高息，而且他們也準備認了。

誰知牧師竟說：「我怎麼能要你們的利息呢？」

「不！你能幫我們借到錢，我們已經非常感謝了，哪能不付利息呢？」

「那好吧！比銀行的利率低2釐，怎麼樣？」

兩兄弟以為是在夢中，一時呆住了。

緊接著，牧師讓他們拿出筆墨，立了一紙借據：「今有梅特里兄弟借到考爾貸款42萬元整，利息3釐。空口無憑，特立此據為證。」

梅特里兄弟把借據上的內容念了一遍，覺得一切無誤，就高高興興地在上面簽了名。

事過半年，牧師再次來到梅特里兄弟家。他對梅特里兄弟說：「我的那個朋友是洛克菲勒，今天早上他來了一封電報，要求馬上索回那筆借款。」

梅特里兄弟早已把錢用在礦上，一時間毫無還債的能力，於是，無可奈何地被洛克菲勒送上了法庭。

在法庭上，洛克菲勒的律師說：「借據上寫得非常清楚，被告借的是考爾貸款。在這裡，我有必要說明一下考爾貸款的性質。考爾貸款是一種貸款人隨時可以索回的貸款，所以它的利息低於一般的貸款利息。按照美國的法律，對這種貸款，一旦貸款人要求還款，借款人要嘛立即還款，要嘛宣布破產，二者必居其一。」

於是，梅特里兄弟只好選擇宣布破產，將礦產賣給洛克菲勒，作價52萬元。

幾年之後，美國經濟復甦了，鋼鐵業走俏，競爭也激烈起來。洛克菲勒就以高達一九四一萬元的價格把密沙比礦賣給了大銀行家摩根，摩根還覺得做了一筆便宜的生意。

也許有人會說，洛克菲勒不守商業道德。洛克菲勒可不這樣想。他認為自己的行為完全合法、正當。依他所見，商業經營的最高目的是賺錢，其中的遊戲規則是不受道德限制的。

猶太商人這種對待精明的心態早已成為一種傳統，在教育中就自覺培養。洛克菲勒的父親威廉·洛克菲勒曾經說：「我希望我的兒子們成為精明的人，所以，一有機會我就欺騙他們。我和兒子們做生意，每次只要能詐騙和打敗他們，我絕不留情。」

洛克菲勒童年記憶中最深刻的一件事就是：一次，父親讓他從高椅子上往父親懷裡跳。第一次，父親將小約翰接住了。可是，當小約翰第二次縱身跳下時，父親卻突然抽回雙手，讓小約翰撲在地上。

威廉·洛克菲勒無疑是想通過這件事告訴兒子：世界是複雜的，不要輕信任何人。每個人，哪怕是最親近的人，都可能成為你的敵人。

猶太人在經商時，視商場如戰場，把每個人都視為假想敵，心中高度警惕，永不放棄戒備之心。縱然是自己的妻子或丈夫，也當成外人看待，從不輕易信任。這也是猶太人防範交易風險的智慧之舉。

7 跟著潮流「向上看」

要使某種商品流行起來，必須把一般人和富人分開對待。

賣給一般人的東西通常來勢很兇猛，而且流行面廣，但維持的時間很短。相對而言，賣給富人的東西，其流行趨勢雖然發展較慢，但持續時間很長。

一般而言，某種東西從富人普及到老百姓，至少需要兩年的時間。在這兩年內，一旦把握住流行趨勢，就可以得到成功。

一般人都羨慕上流社會，希望與上流社會的人交往。為此，上流社會中流行的衣飾風格對一般人必然產生很大的影響，會引得許多人競相模仿，特別是女性。

因此，猶太人常常利用人們這種「向上看」的心理，巧妙地操縱流行趨勢。

猶太人富豪羅斯柴爾德發跡時，就是讓古錢幣先從上流社會中流行起來，再逐漸普及於一般大眾之間。

此外，日本的漢堡大王藤田田的發跡史也體現了這種流行運作法。

藤田田不僅靠漢堡大發其財，而且兼做鑽石、時裝、高級手提包等女性商品。在經營過程中，他首先把對象放到上流社會中有錢人的流行趨勢上，無論是鑽石的花樣、服飾的色彩，還是手提包的樣式，都是按照有錢人的喜好特製。結果，他的生意不僅暢銷，而且從未發生過「流血大拍賣」的事。

當然，藤田田之所以能戰勝競爭對手，還在於他善於從實際出發，靈活多變，絕不跟風購進歐美最風行的服飾，因為歐美的服飾只適合那些金髮碧眼、身材修長的歐美姑娘，日本婦女的黃皮膚、黑頭髮、矮個子，和那些服飾很難和諧。有錢的人，即使錢再多，也不會拿錢去買不適合自己的東西。相反地，那些只知其一，不知其二的商人雖然片面地趕上有錢人的時髦，但未能具體問題具體分析，最終還是免不了虧本。

猶太人認為，商場瞬息萬變，能夠把握一種流行趨勢實屬不易。因為，每一個生意人在做出任何一項決策之前，必須仔細分析市場，既要能趕上潮流，還要超前於潮流。因為人的需求不斷變化，市場也不斷變化，今天暢銷的產品，也許明天就無人問津了。

8 逆境發財的生意經

在人的一生中，不太可能事事順利地走向顛峰，遭遇挫折或失敗很難避免。逆境是一道優勢劣汰的關口，越過逆境這座分水嶺，人生必然呈現一種嶄新的境界。否則，一個人只能平平庸庸，過著可有可無的人生。

下面這則寓言，約略點出一項原理：對待逆境的心態不同，結果就不一樣。

有三隻蛤蟆不小心掉進了鮮奶桶。

第一隻蛤蟆說：「這是神的意志。」於是，牠盤起後腿，等待死亡。

第二隻蛤蟆說：「這桶太深，沒希望了。」於是，牠淹死了。

第三隻蛤蟆說：「儘管掉到鮮奶桶裡，可我的後腿還能跳。」

於是，牠奮力地往上跳。牠一邊在奶裡划，一邊跳。慢慢地，牠覺得自己的後腿碰上了硬硬的東西。原來是鮮奶在蛤蟆後腿的攪拌下，漸漸變成凝固的奶酪了。憑著這層奶酪的支撐，這隻蛤蟆跳出了桶子。

在兩千多年漂泊流離的生活中，猶太人一直身處逆境。面對這段漫長的日子，猶太人一方面把逆境視若尋常事，任憑風吹浪打，從而學會了忍耐和等待，堅信難關總會度過，領悟了如何在逆境中生存發展的智慧，另一方面，把逆境看作是一種人生的挑戰，發揮自身潛在的能力，精神抖擻地從逆境中崛起。

猶太人把這種智慧運用到商業操作中，就形成了在逆境中發財的生意經。

猶太實業路德維希·蒙德學生時代曾在海德堡大學同著名的化學家布恩森一起工作，發現了一種從廢鹼中提煉硫磺的方法。後來他移居英國，幾經周折，找到一家願意同他合作開發這項技術的公司。結果證明此項技術的經濟價值非常高。於是，他萌發了開辦化工企業的想法。

不久，蒙德買下一種利用氨水的作用使鹽轉化為碳酸氫鈉的方法。這種方法是他一起參與發明的，但當時還不是很成熟。於是，他在柴郡的溫寧頓買下了一塊地建造廠房，同時仍繼續做實驗，以完善這種方法。儘管實驗屢屢失敗，但他從未放棄，日以繼夜地進行研究。經過反覆而複雜的實驗，他終於解決了技術上的難題。一八七四年，廠房建成。起初，生產情況並不理想，成本居高不下，連續幾年，企業完全虧損。更糟的是，當地居民由於擔心大型化工企業會破壞生態平衡，拒絕與他合作。

猶太人在逆境中堅忍的性格幫助了蒙德。他不氣餒，終於在建廠六年後的一八八〇年取得了重大突破，產量增加了三倍，成本也降了下來，產品由原先每噸虧損5英鎊，變為獲利1英鎊。

當時的英國，工廠普遍實行12小時工作制，工人一週要工作84小時。蒙德做出了一項重大決定，將工人的工作時間改為每天8小時。這樣，工人的積極性極度高漲，每天8小時內完成的工作量與原來的12小時一樣多。

工廠周圍的居民，態度上也發生了轉變，很多人等著進他的工廠做工。這是因為蒙德的企業規定：在這裡做工，可獲得終身保障；並且，當父親退休時，還可以把自己擔任的工作傳給兒子。

後來，蒙德建立的這家企業成了全世界最大的產鹼化工企業。

9 懂得放下的經商智慧

事業不順利的時候，必須堅忍。但也不能一味地忍下去。究竟應該忍耐到什麼程度？應該什麼時候放棄？這就關連到身處逆境，敗中求勝的智慧。

猶太人一旦決定在某項事業上投資，一定會制定短期、中期和長期這三個階段的投資計畫。

短期計畫投入後，即使發現實際情況與事前預測有出入，他們也會處變不驚，毫不動搖，仍積極地按原計畫實施。

經過短期計畫的實施，即使效果不及預料中的好，他們仍會推出第二階段的計畫，繼續追加投入，設法完成各項策略的實施。

第二階段的計畫深入進行後，若未達成所預測的效果，又沒有確切的事實和依據可證明未來會好轉，他們就會毫不猶豫地放棄這項投資。

猶太人認為，放棄了已實施了兩個階段之計畫是明智的選擇，即使虧掉了不少投入也無所謂。因為生意雖然不如人意，但沒有為後來留下後患，不會為一堆爛攤子而困擾未來的工作。所以，長痛不如短痛。

在經營活動中，猶太人忍耐的個性聞名於世。事實上，他們的忍耐是以合算和有發展前途的投資為基礎的。當發現一項事業不合算或沒有發展的前途時，不用說幾個月，哪怕幾天，他們也不會等待下去。

法籍猶太人詹姆士原本沾染了許多惡習，像個花花公子。直到把父親留給他的一筆財產敗光了，生活難以為繼，他才覺醒，決心努力奮鬥，從頭做起。

他向哥哥借錢，開辦了一間小藥廠。他親自在廠裡組織生產和銷售工作，從早到晚，每天工作18個小時。待工廠賺到了一點錢，他就擴大生產。幾年後，他的藥廠已極具規模了，每年有幾十萬美元的贏利。

經過市場調查和分析研究，詹姆士覺得當時藥物市場的發展前景不大，食品市場倒是前途光明。因為世界上有幾十億人口，每天要消耗大量各式各樣的食物。

就如此，反覆深思熟慮之下，他毅然出讓了自己的藥廠，再向銀行貸得一些錢，買下「加雲食品公司」控股權。

這家公司專門製造糖果、餅乾及各種零食，同時經營菸草。它的規模不大，但經營品種豐富。

詹姆士掌控了這家公司之後，在經營管理和行銷策略上進行了一番改革。首先，他將產品規格和式樣進行擴展，像把糖果延伸到巧克力、口香糖等各類品種；餅乾除了增加品種，細分成兒童、成人、老人餅乾之外，還向蛋糕、蛋捲等發展。接著，他在市場領域上大做文章。除了法國巴黎，他還在其它城市設立分店，後來更延伸到歐洲眾多國家，形成廣闊的連鎖銷售網。隨著業務的增多，資金越來越雄厚，他又相機應變，把英國、荷蘭的一些食品公司收購，形成大集團。

詹姆士的成功，正是得益於他起初對小藥廠經營前途不佳的理智分析，及時斷念，轉向食品行業。

顯而易見，在商業經營中，「懂得放下」也是一種經商智慧。

10 管理風險的生意經

從經商角度而言，猶太人不是全然在做生意，而是在「管理風險」。

就他們的生存狀況來看，也需要很強的「管理風險」意識。猶太人不能乾坐著等「驅逐令」之類的厄運到來，更不能毫無準備地在關鍵時刻措手不及。在每次「暴風雨襲來」之時，他們都必須準確地把握「風雨」到底會不會來，來了有多大。這種事關生存的處世技巧一旦形成，用到生意場上就游刃有餘了。有不少時候，猶太人就依靠準確地投資種種「風險」而發跡。

哈默最大的一次成功在利比亞。無論是哈默本人，還是西方石油公司的三萬名職員和35名股東，一提起此事，都驚嘆不已。對一家像西方石油公司這樣的企業而言，從未碰過近似那次在利比亞的境遇。事實上，這類境遇也許百年難逢。

義大利法西斯政權佔領期間，墨索里尼為了尋找石油，在利比亞大概花了一千萬美元，結果卻一無所獲。埃索石油公司在花費了幾百萬收效不大的費用之後，正準備撤退，卻從最後一口井裡打出油來。殼牌石油公司大約花了五千萬美元，但打出來的井都沒有商業價值。

西方石油公司到達利比亞時，正值利比亞政府準備進行第二輪出讓租借地的談判，出租地區大部分都是原先一些大公司放棄的租地。根據利比亞法律，石油公司應盡快開發他們的租地。如開採不到石油，就必須把一部分租地還給利比亞政府。第二輪談判中就包括若干孔「乾井」的土地，但也有許多塊與產油區相鄰的沙漠地……來自九個國家的四十多家公司參加了這次投標。

哈默雖充滿信心，但前途未卜。雖說他和利比亞國王私人關係良好，在這方面卻經驗不足，同那些一舉手就可推倒整座山的石油巨頭相較，競爭實力更是相差懸殊，真可謂小巫見大巫。但決定成敗的關鍵還不僅僅取決於這些。

西方石油的董事都坐飛機趕了來。他們在四塊租地上投了標。哈默的投標方式不同一般，投標書用羊皮證件的形式，捲成一卷，再以代表利比亞國旗顏色的紅、綠、黑三色緞帶扎束。在投標書的正文中，哈默加了一條：他願意從尚未扣稅的毛利中拿出5%供利比亞做發展農業之用。此外，他還允諾在國王和王后的誕生地庫夫拉附近的沙漠綠洲中尋找水源。另外，他們將進行一項可行性研究，一旦在利比亞開採出水源，他們將同利比亞政府聯合興建一座製氨廠。

最後，哈默終於得到了兩塊租地，使那些強大的對手大吃一驚。因為這兩塊租地都是其它公司耗巨資後一無所獲而放棄的。

這兩塊租地不久就成了哈默的煩惱之源。他們所鑽探的頭三口井都是滴油不見的乾孔，僅打井費用一項，就花了近三百萬美元；另外還有兩百萬美元用於地望探測和賄賂利比亞政府官員。於是，董事會裡許多人開始把這雄心勃勃的計畫稱作「哈默的蠢事」。甚至連哈默的知己、公司的第二大股東里德也對他失去信心。

但哈默的直覺促使他固執己見。在創業者和股東之間發生意見分歧的幾周後，第一口油井出油了。此後，另外八口油井也接著鑽出油來，而且是異乎尋常的高級原油。更重要的是，油田位於蘇伊士運河以西，運輸非常方便。其後，哈默在另一塊租地上鑽出一口日產七〇三萬桶自動噴油的珊瑚油藏井。這是利比亞最大的一口油井。接著，他投資一．五億美元，修建了一條日輸油量百萬桶的輸油管道，而當時西方石油公司的淨資產只有四千八百萬美元，足見他的膽識與魄力。之後，他又大膽地吞併了好幾家大公司。這樣，小老弟的西方石油公司一躍而成為世界石油行業排行第八的老大哥了。

猶太人很少在投資風險管理時顯露主觀情緒。即使在投機生意中，他們也十分講究穩妥可靠。

英文中，「投機」和「考察」是同義詞。猶太人的投機買賣可說是對這個詞的最好詮釋。猶太人的考察，並不光看商品的流通情形，還要視某種買賣的商品在轉賣或交換之後的狀況，當事人對於這項交易的最後滿意度。猶太人最後決定的投機買賣一定是根據周詳和縝密的思索之後所做出的商業行為。

除此之外，猶太商人經商時積極樂觀的態度也影響甚大。猶太民族歷經劫難，在看待事物的發展趨勢時卻常抱樂觀的態度，並採取相應的行動。事實上，無論經商還是做其它事，樂觀者總要多點機會，投中的次數也更多些。

11 合約是與神訂立的契約

猶太人信守合約幾乎達到令人吃驚的地步。做生意時，猶太人分毫必較，絲毫不讓。但在合約面前，縱然吃虧，也絕對遵守。

猶太人認為，「契約」是與上帝的約定；人與人之間的合約和與神所定的契約性質相同，絕不可毀棄。毀約即褻瀆了上帝的神意。

有一位出口商與一個猶太商人簽訂了一萬箱蘑菇罐頭的合約，合約中規定：「每箱二十罐，每罐一百克。」但出口商在出貨時，卻裝運了一萬箱一五〇克的蘑菇罐頭。貨物的重量雖然比合約多了50%，猶太商人卻拒絕收取。出口商甚至同意超出合約的重量不收錢，猶太商人仍不同意，並要求索賠。出口商無可奈何，賠了猶太商人的全部損失，還要把貨物另做處理。

這猶太商人看似不通情理，但事實並不那麼簡單。如前所述，猶太人極為注重合約，可以說是「契約之民」，他們生意經的精髓就在於合約。一旦簽訂合約，不管發生任何困難，他們也絕不毀約。當然，他們也要求簽約的對方嚴格履行合約，不容許對合約採取不嚴謹和寬容的態度。誰不履行合約，就會被看作違反了神意，猶太人一定會嚴格追究責任，不留情地提出索賠的要求。

事實上，合約是買賣中極為重要的文件，違反合約上的規定，對買賣雙方都會產生嚴重的後果。猶太人深知其要害，故強調必須守約。

在猶太生意經中，合約和公司也是商品，只要能獲利，連自己的公司也可能不惜賣掉。對於與上帝簽訂的「合約」，也同樣如此處理。

猶太人中有專門從事購買合約的人。這種人購買合約之後，代替賣方履行合約，從中獲利。這種買合約獲利的商人叫「中間人」或「經紀人」。在猶太人中，不論貿易大小，都會與「經紀人」打交道。

猶太教的《聖經》又稱《約書》，因為猶太人把它視為上帝與以色列人簽訂的契約。希伯來人（古猶太人）認為，人之所以能夠存在，是因為與上帝簽訂了合約所致。故而，猶太人被稱為「契約之民」。契約之民把合約引進了生意之中，並且認為合約是生意中的精髓，神聖不可侵犯。

所以，猶太人一旦與對手談判成功，達成協議，不管是口頭還是書面，他們都認為它是與神簽訂的契約。在執行期間，無論發生何等困難，他們也絕不毀約。同時，如前所述，自然也要求簽約的對方必須嚴格履行合約。

談判中簽訂合約，雙方都要如同與神訂約的態度那樣，語意上的表達必須準確無誤，不允許有任何模稜兩可的說詞混藏其中。簽約後，雙方必須遵照執行。與神簽訂的合約絕對不可以不履行。

猶太人就是這樣，認定尊重人就是尊重神，與人簽訂的合約，當然也就等同於與神簽訂的合約。

猶太人在執行合約上嚴於律己，也嚴於律人。把他人和自己一樣看待。若對手不嚴格履行合約，他們必嚴加追究，毫不留情地要求賠償。

在商業往來或發展中，其前提是建立彼此的安全感。要建立這種安全感，需要交易雙方都信守所訂的合同，遵守規律。但猶太人常常在不改變合約的前提下，巧妙地變通合約，為己所用。因為，在他們看來，商場上的關鍵問題不在於道不道德，而在於合不合法，守不守約。

12 選擇兩頭都甜的「甘蔗」

猶太人在經營活動中不僅追求一個高產出，而且追求一次或一項投入可以獲得多次或多項產出。

美術商賈尼斯那非常注意招徠潛在的買主，特別是那些公關學校或大學中的女孩子。因為這些女孩子即將步入社會，一旦培養出她們對現代美術的興趣，那麼不僅她們會經常光顧，將來她們還會偕同自己的丈夫來購買美術品。

一次機會，兩頭贏利。能不能策劃得如此完美，就看你的經商智慧了。

一八四四年，德籍猶太人亨利．萊曼從維爾茨堡移居美國。他在南方做了一段時間的長途銷售員之後，就同隨後也移居美國的兩個弟弟伊曼紐爾和邁耶定居在阿拉巴馬州，並當上了雜貨商。

阿拉巴馬州是一個產棉區，農民手裡的棉花很多。但由於缺乏現金，農民只能用棉花交換日用雜貨。但是，大多較雜貨商並不喜歡這種「以物易物」的經營方式。萊曼兄弟是個例外，對此他們甚至採取鼓勵的態度。

這似乎與猶太商人「現金第一」的經營原則不符。但萊曼兄弟有自己的打算：以棉花交換日用雜貨的買賣方式，不僅有利於吸引手裡一時缺乏現金的顧客，擴大銷售，而且，在以物易物時，由於自己處於主動地位，有利於操縱棉花的交易價格。此外，經營日用雜貨本就需要進貨運輸，現在趁空車進貨之際，順便把棉花捎去，豈不等於賺了一筆運輸費？

用萊曼兄弟的話說，這種經營方式叫——「一筆生意，兩頭贏利」。

截至一八八七年為止，萊曼兄弟已經在紐約證券交易所裡取得一個席位，成為「果菜類農產品、棉花、油料代辦商」。從此，他們的發展規模不斷擴大，直至成立一家著名的猶太銀行。

在商業經營中，猶太人對理性算計特別感興趣。他們追求合理的效率，把它稱作「投入產出比」。通俗一點說，即計算同樣的投入能有多大的回報。

13 商業廣告的智慧

猶太法典《塔木德》禁止商人打廣告。實際上，它只禁止虛假的廣告，並不反對實事求是的正當宣傳。

有一則故事，可以說明這個問題。

在哈西德教派的拉比家旁邊有一個蘋果攤，主人是一個貧窮的婦人。一天，她對拉比抱怨道：「拉比，我沒有錢買安息日所需的東西。」

「你的蘋果攤生意怎麼樣啊？」

「客人說，我的蘋果是壞的，不肯買。」

於是，拉比哈伊姆就站在攤位前大喊：「誰想買好蘋果？」

結果可想而知，人們對蘋果連看都不看，數都不數，就掏出錢購買，而且價錢還高出了實際價格的兩到三倍。

在轉身回家時，拉比對賣水果的婦人說：「你的蘋果是好的。一切只在人們不知道它們是好蘋果。」

由此看來，猶太商人並不是一味反對做廣告。只不過，廣告不能誇大其詞，一切都必須限定在誠實的範圍內。

也就因為猶太商人這一貫誠實的作風，數百年數千年的傳承之下，不但有了良好的口碑，也有了相當厚實的信譽。難怪他們縱橫於四海的商場，往往無所不利、所向披靡。

14 瞄準女人的荷包

猶太人做生意，普遍能夠賺錢和發財。其中奧祕很多。但猶太生意經中最耀眼的部分無疑是「女人」生意和「嘴巴」生意。在猶太人看來，不管過去，現在還是將來，有關於女人和嘴巴的行業，總是最賺錢的生意。

猶太人經商的第一公理是「瞄準女人」。猶太人認為，男人只願購買權力。但權力雖然可作為商品，卻無法用實物形式提供。所以，男人的錢很難賺到。男人以勞力掙錢，女人使用男人掙得的錢，維持家用。猶太人經商的格言是：攻擊女人，奪取她們所持有的錢。

女人享用著人類大多數衣服、化妝品和奢侈品，昂貴的鑽石，豪華的禮服，項鏈、戒指、香水、手提包等女性專用品。名牌專賣店乃至普通百貨公司所展售的各種商品，女性產品均佔絕對多數。猶太人就是瞄準了這個市場，獲得了比別人更大的贏利。此外，經營女性用品的利潤也比較豐厚。

販售女性用品雖然容易賺錢，但因女性的興趣及愛好隨著潮流、時尚、市場行情而瞬息萬變，經營智慧達不到某種程度，是很難成功的。

猶太人經商的第二公理是「瞄準嘴巴」。可以說，嘴巴是消耗的無底洞。地球上有六十多億口「無底洞」，其市場潛力非常巨大。為此，凡是能夠經過嘴巴的商品，猶太人無不經營。如糧店、食品店、魚店、肉店、水果店、蔬菜店、餐廳、咖啡館、酒吧、俱樂部等等，不勝枚舉。毫不誇張地說，猶太人的經營種類項目，真是百無禁忌；哪怕是走在法律邊緣，因為它能賺錢。

對此，他們的解釋是：「入口的東西必然要消化和排洩。無論是一美元的冰淇淋，還是十美元的牛排，進入人的口中幾小時後，都會化作廢物排掉。如此不斷地循環消耗，新的需求不斷產生，商人可以在經營中不斷賺到錢。能夠如此賺錢的商品除了嘴巴之外，絕無僅有。而且，即使週末或禮拜，嘴巴也能為我們賺錢。這恐怕也是絕無僅有的了。」

世界最有名望的「梅西」高級百貨公司，是猶太人施特勞斯親手創辦起來的。施特勞斯從當童工開始，後來當了小商店的店員。他在打工生涯中注意到，顧客中大多數為女性。即使有男士陪著女性前來購物，決定購買權的還是女性。

根據自己的觀察和分析，施特勞斯發現，做生意時盯著女性市場，前景更為光明。當他積累了一點資本，用來經營自己的小商店「梅西」時，就是以經營女性時裝、手袋、化妝品開始。經過幾年的經營，果然生意興旺，利潤甚豐。他繼續沿著這個方向擴大規模，公司的營業額迅速增長。

施特勞斯總結了自己的經驗，接著開展鑽石、金銀首飾等名貴產品的經營。他在紐約的「梅西」百貨公司，總共有六層樓，販賣時裝的（絕大部分是女性的）佔兩層，販賣鑽石、金銀首飾的佔一層，販賣化妝品的佔一層，其它兩層是販賣綜合性各類商品。可見，女性商品在「梅西」公司佔了絕大多數。

經過三十多年的經營，施特勞斯把一間小商店辦成世界一流的大公司，顯然與其選擇的女性目標市場關係甚大。

另外，就鑽石市場而言，一般人都知道，南非是世界最主要的鑽石原料產地。然而，世界最主要的鑽石產品加工市場是在以色列。以色列沒有出產鑽石，卻成為世界最大的鑽石加工地，這是很值得深思的。

很顯然，以色列的猶太人慧眼獨到，他們知道鑽石經過加工後看來起華麗、名貴，能博取全世界女性的歡心和羨慕。當今世界大多數國家和地區的民族雖是男性掌權當家，但他們有的把自己賺來的錢交由妻子管理，有的雖然自己掌握錢財，但為了顯示自己對妻子或女友的愛，不惜代價，讓她們隨意花錢，以博紅顏一笑。以色列的猶太商人據此不惜投資，大辦鑽石加工業，從南非等地進口原料。

以色列鑽石交易有限公司經過四十多年的經營，從無到有，從小到大，從國內經營到跨國經營，其加工的鑽石目前已佔世界總加工是的60%，年營業額超過四十億美元。

15 時間也是商人的商品

猶太人最早領悟出時間的價值——認為「時間也是商品」。

在金錢主宰一切的社會中，也許人們會認為：「時間就是金錢。」但時間遠不止是商品和金錢，它還是生活，是生命。因為時間有限，金錢有限，要以有限的時間去追逐無限的金錢，結果只能受到時間和金錢的雙重壓迫。此外，錢可以再賺，商品可以再造，時間卻不能重複。因此，時間遠比商品和金錢寶貴。

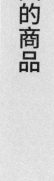

在美國紐約，有一位當了教師的猶太教拉比戴了一塊手錶，背面刻著「愛惜光陰」四個字。另一位教師把這手錶拿給學生們看。學生們不以為然，說那是俗套，根本沒有什麼新奇。拉比見學生們無動於衷，就戴回手錶，說：

「美國人常說：『時間就是金錢。』我認為這種說法不對。因為這句話很容易使人產生誤會。假如說時間就是金錢，我們會由此連想到兩種人：一種是不知如何運用時間的人，另一種則是不知如何運用金錢的人。其實，就價值而言，時間遠比金錢貴重。金錢可以儲蓄並生息，時間卻絲毫不停腳步，而且一去不復返。因此，『時間就是金錢』這句話應該改為『時間就是生命』，或是『時間就是人生』。」拉比這麼一解釋，學生們都覺得有道理。

恰當地把握好時間，還可以使金錢「無中生有」。

南非首富巴奈・巴納特剛到倫敦時是一個一文不名的窮小子。他帶了40箱雪茄到了南非，用雪茄做抵押，獲得了一些鑽石。短短幾年中，他成了一個富有的鑽石商人和從事礦藏資源買賣的經紀人。

巴納特的贏利有一個呈周期性變化的規律，那就是每個星期六是也獲利最多的日子。其中的奧祕就是：他巧借了一個時間差。

因為星期六這天，銀行較早停止營業，巴納特可以用支票購買鑽石，然後在星期一銀行開門之前，將鑽石售出，用所得的款項在自己的賬號上存入足夠兌付他星期六開出的所有支票中的額度。就是這樣，巴納特利用銀行停業的一天多時間，拖延付款，在沒有侵犯任何人之合法權益的前提下，調動了遠比他實際擁有的資金多得多的資金。

16 靈活掌握情報的商戰

對於一個長時期缺乏保障的民族來說，有時候，一個信息就可能決定它的生死存亡。從這樣的認識出發，猶太商人形成了對信息高度重視與敏感的性格。商場上機會均等，在相同的條件下，誰能搶佔先機，誰就能穩操勝券。而搶佔先機，最有效的途徑就是獲取並破譯相關信息。就此而言，猶太人的消息靈通是世界聞名的。

素有猶太經商之道的代表的羅斯柴爾德家族，在此提供了一個最好的實例。

羅斯柴爾德家族遍布西歐各國。這種形勢既使這個家族很容易獲得信息，也使它獲得的各種信息都具有重大的價值。甚至，在一地已經過時的信息，在另一地可能仍有巨大的價值。為此羅斯柴爾德家族特地組織了一個專為家族服務的信息快速傳遞網。在交通和通訊尚未快捷的時代，這個傳遞網發揮的作用顯然不容忽視。

十九世紀初，拿破崙和歐洲聯軍正艱苦作戰，戰局變化不定，撲朔迷離，誰勝誰負，一時很難判斷。後來，聯軍統帥，英國的威靈頓將軍在比利時發起了新的攻勢。一開始，聯軍打得十分糟糕。為此，歐洲證券市場上的英國股票疲軟不振。

倫敦的納坦・羅斯柴爾德為了瞭解戰局的走向，專程渡過英吉利海峽，到法國打探戰況。當戰事終於發生逆轉，法軍已成敗勢之時，羅斯柴爾就在滑鐵盧戰地上，在獲悉確切的消息之後，他立即動身，趕在政府急件傳遞員之前幾個小時回到倫敦。羅斯柴爾德家族靠這項信息之便，佔了先手，動用了大筆資金，乘英國股票尚未上漲之際，大批吃進。短短幾小時後，隨著政府信息的公布，股價直線上升。轉眼之間，羅斯柴爾德發了一筆大財。

將這種捕捉信息，提前決策的金融技巧歸之於羅斯柴爾德家族。這顯然是因為人們對猶太人在信息方面的「精明之處」已充分認可。

信息源自多方面的渠道，很少一部分得自獨家情報；更多的信息則來自公眾。但這需要進行專門的收納、整理、分析，並需要超常的破譯思維。

17 巴魯克計畫

另外，猶太商人還能依靠對別人「不起作用」的信息而出奇制勝。

美國著名的猶太實業家，又被譽為政治家和哲人的伯納德·巴魯克於三十歲之前，已經因經營實業而成為百萬富翁。他在一九一六年時被威爾遜總統任命為「國防委員會」顧問及「原材料、礦物和金屬管理委員會」主席。其後又擔任「軍火工業委員會主席」。一九四六年，巴魯克出任美國駐聯合國原子能委員會代表。在此期間，他提出了著名的「巴魯克計畫」，即建立一個國際權威機構，以控制原子能的使用和檢查所有的原子能設施。無論生前死後，巴魯克都受到普遍尊重。

創業伊始，巴魯克的經營也頗為不易。但是，猶太人所具有的那種對信息的敏感，使他一夜之間發了大財。

一八九八年七月三日晚，28歲的巴魯克和父母一起待在家裡。忽然，廣播中傳來消息：西班牙艦隊在聖地牙哥被美國海軍消滅。這意味著美西戰爭即將結束。這一天，正好是星期天，第二天是星期一。按照常例，美國的證券交易所在星期一都不開門。但倫敦的交易所卻照常營業。巴魯克立刻意識到：如果他能在黎明前趕到自己的辦公室，就能發一筆大財。

在這個小汽車尚未問世的年代，火車夜間又停止運行，似乎已束手無策了。巴魯克卻想出一個絕妙的主意：他趕到火車站，租了一列專車。黎明前，他終於趕到自己的辦公室，在其他投資者尚未「醒」來之前，做成了幾筆大交易。他成功了。

巴魯克在獲得信息的時間上並沒有佔到先機，但在如何從這一新聞中解析出對自己有用的信息，據此做出決策，並採取相應的行動上，他確確實實佔了先機。後來，他不無得意地回憶起自己多次使用類似的手法大獲成功。他將這種金融技巧的創制權歸於羅斯柴爾德家族。只不過，很顯然，在對信息的「理性算計」中，他是青出於藍而勝於藍的。

18 不做存款的資金管理法

猶太人從不把錢存入銀行生息。他們善於精打細算，得出了：把錢存入銀行，年息最多不超過10%。相反地，把錢投資於有潛力的項目，又對市場走勢觀察分析得相當準確，每次周轉，贏利不少於30%；一年滾動周轉四次，所得的利潤就超過百分之百了。

在十八世紀中期以前，猶太人熱衷於放貸業務，也就是把自己的錢貸出去，從中賺取高利。到了十九世紀，猶太人寧願把自己的錢用於高回報率的投資或買賣，也不肯把錢存入銀行。不做存款是猶太人經商智慧不可忽視的部分。

「不做存款」是一門資金管理科學。「有錢不置半年閒。」這是一句很有哲理的生意經：做生意要合理地使用資金，千方百計地加快資金的周轉速度，減少利息的支出，增加商品的單位利潤和總額利潤。

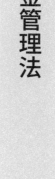

在猶太人眼裡，衡量一個人是否具有經商智慧，關鍵是看他能否靠不斷滾動周轉的有限資金把營業額做大。

猶太人普利茲出生於匈牙利，17歲時到美國謀生。一開始，他進入美國軍隊服役。退伍後，開始探索創業路子。經過反覆觀察和思考，他決定從報業入手。對於一個毫無資本和辦報經驗的人來說，想通過報紙賺錢，無異癡人說夢。但普利茲堅定不移地往這個目標前進。

為了從實踐中摸索經驗，他到聖路易斯的一家報社，向老板求得一份記者工作。起初，老板對他不屑一顧，拒絕了他的請求。但普利茲反覆自我介紹和陳述。言談中，老板發覺他機敏聰慧，勉強答應留下他當記者。但有個條件：半薪試用，一年後再商定去留。

為了實現自己的目標，普利茲忍下老板的剝削，全身心投入工作之中。他勤於採訪，認真學習和了解報館的各個環節，晚間不斷地學習寫作及法律知識。他寫的文章和報導不但生動、詳實，而且法律的批判性強，不僅引起社會的非議和抨擊，更吸引了廣大的讀者群。面對普利茲創造的巨大利潤，老板高興地吸他為正式工，第二年還提升他為編輯。普利茲開始有了點積蓄。

通過幾年的打工，普利茲對報社的運營情況已瞭若指掌。於是，他用自己僅有的積蓄買下一家瀕臨歇業的報館《聖路易斯快報》，將之更名為——《聖路易斯快郵報》。一開始，他的資本嚴重不足。但他很快就渡過了難關。

十九世紀末，美國經濟迅速發展，商業開始興旺發達。很多企業為了加強競爭，不惜投入巨資搞宣傳廣告。普利茲盯著這個焦點，把自己的報紙辦成以經濟信息為主，加強廣告部，承接多種多樣的廣告。就這樣，他以客戶預交的廣告費作為資金，正常地出報，發行量越來越大。報紙發行量越多，廣告也越多，他的收入進入良性循環。即使在最初幾年，他每年的利潤也超過15萬美元。沒過幾年，他就成為美國報業的巨頭。

普利茲初時分文全無，靠打工掙的半薪，節衣縮食，省下極有限的錢，一刻不置閒地滾動起來，發揮了很大的作用。他是一位做無本生意而成功的典型。這就是「不做存款」和「有錢不置半年閒」的體現，更是成功經商的訣竅所在。

日後，他所創立「普利茲獎」，就等於是新聞界的奧斯卡獎！

19 風險與利潤同在

在商業運營的過程中，風險與贏利並存，而且成正比。高風險意味著高回報。人們對機會把握的能力，基本上差不多，但有些人在看到機會的同時，也被伴隨機會的風險弄得患得患失，猶豫不決；或是在那一些可能的風險面前麻木不仁，未做反應，終使機會從自己面前溜走。

猶太人無疑是風險財富的創造者。猶太民族歷經磨難，在看待事物的發展趨勢上卻常常抱著積極樂觀的心態。他們憑藉化險為夷的生存技巧，將風險遊戲操縱得出神入化。

約翰・摩根從哥丁根大學畢業之後，進入鄧肯商行任職。摩根所特有的素質與生活中的磨煉，使他在鄧肯商行幹得相當出色。但他所具有的過人膽識與冒險精神，卻經常害得總裁鄧肯心驚肉跳。

一次，在從巴黎到紐約的郵輪中，一個陌生人敲開了摩根的艙門問道：

「聽說，您是專營商品批發的，是嗎？」

「有何貴幹？」摩根感覺到對方焦急的心情。

「唔……有件事想求您相助。我有一船咖啡需要立刻處理掉。這些咖啡原屬於一個咖啡商，現在他破產了，無法償付我的運費，便把這船咖啡當作抵押。可我不懂這方面的業務。您是否可以買下這船咖啡。很便宜，只是別人價格的一半。」

「你很急嗎？」摩根盯住來人。

「是很急，否則這樣的咖啡怎會這麼便宜。」

來人說著，拿出咖啡樣品。

「我買下了。」摩根瞥了一眼樣品，答道。

「摩根先生，您太年輕了！誰能保證這一船咖啡的質量都與樣品完全一樣呢？」同伴見摩根十分輕率地買下這一整船還沒有親眼見到質量的咖啡，在一旁提醒道。

「我瞭解，但我絕不會上當。我答應了，就應該踐約，以免這批咖啡落入他人之手。」摩根對自己的眼力非常自信。

當鄧肯聽到這個消息，不禁嚇出一身冷汗。

「這混蛋！拿鄧肯公司開玩笑嗎？去，去！把交易給我退掉。有損失的話，你自己賠償！」鄧肯嚴厲無情地衝著摩根咆哮。

面對粗暴的鄧肯，摩根決心賭一賭。他寫信給父親，請求父親助他一臂之力。在父親資助下，他還了鄧肯公司的咖啡款，並在那個請他買下咖啡的人的介紹之下，又買下了好幾船的咖啡。最終，他勝利了。

在摩根買下這批咖啡不久，巴西的咖啡產地遭到霜災，大幅度減產，咖啡價格上漲了兩三倍。摩根旗開得勝。

這時，鄧肯終於不得不嘖嘖稱嘆了。

與鄧肯公司分道揚鑣後，靠著父親幫助，摩根在華爾街成立了一家商行。如前所述，與眾多白手起家的大財閥的發跡史一樣，摩根在財產上的積累，首先也是從投機鑽營開始的。

剛剛贏得一次投機的勝利，他又躊躇滿志地盤算著下一次的投機。

一八六二年，美國內戰正酣。由於北方軍隊準備不足，前線的槍支彈藥十分缺乏。在摩根眼中，這又是賺錢的好機會。他和克里姆合作，設法從華盛頓陸軍部的槍械庫裡買下五千支報廢的老式步槍，轉手以高價賣給了北軍。北軍危急中錯買了廢槍，損失慘重，摩根則因此大賺了一筆。僥倖的是，摩根竟然沒有被查出來。

約翰·摩根的事例表明：在關鍵時刻看準了關鍵之點，孤注一擲，通常可以化危機為賺大錢的機會。為此，當然得具備善於觀察，分析市場行情的眼光。但是，最重要者在於把握良機。機會如白駒過隙，如果不能克服猶豫不決的弱點，可能永遠也抓不住它。果真如此，也只能在別人得到成功時，後悔莫及地慨嘆：「我本來也可以成功的……」

懦弱的游移者老是在等待機會，而強者則是會不斷地創造機會。

20 眼光獨特的經商法則

猶太人非常精於心算。

猶太人的心算本領，成為他們進行經營判斷和對外談判時的高招。事實上，猶太人的這種本領非屬天賦，而是訓練得來。他們從長期的經營實踐中體會到「數中有術，術中有數」的道理。

即經營者要重視對各種數量關係的分析，以便在數量的計算中尋求有效的對策，從而克敵制勝。

在長期的商場磨煉中，猶太人練就了閃電般迅速的心算能力。

牛仔褲創始人李維斯・施特勞斯是個猶太人。因家境不佳，一八七〇年，他跟隨別人，從德國到美國西部參加淘金，希望能藉此發財。

到了舊金山，經過幾星期的淘金生活，他發現那裡人山人海。淘金者中的確有人賺到了一些錢。但他心想，每日從早到晚，疲於淘挖不止，一個月也不過獲得幾十美元。如果在礦場上做生意，供應給千千萬萬的礦工生活必需品，每一百美元營業額可賺得二十美元，每天做一百美元的生意，一個月足可以賺六百美元。何況，有那麼多礦工在這裡，每天何止做一百美元的生意？

經此謀算，李維斯決定不幹淘金活了，開始擺賣涼水及一些小百貨。果然不出所料，他第一個月的營業額就達五千美元，利潤超過一千元，比一名淘金者多賺了幾十倍的錢。其後，隨著他經營品種的增多，賺的錢也更多了。

猶太人因為工於心算，所以他們經常能做出迅速的判斷。這使他們在談判中總能鎮定自如，步步緊逼，直至大獲全勝；在商場上游刃有餘，坦然從容。

對猶太人來說，精於計算，是為了錙銖必較。他們不像大多數東方人一樣，羞於「斤斤計較」。他們認為，該攫取的利潤絕不應放手。他們既計較得清，又能迅速計算出結果，把兩者結合起來，是猶太人的聰明之處，也是他們善於做生意的訣竅之一。

21 運氣是給有準備的人

縱觀猶太民族的發展史，可以發現，猶太人善於根據自己所處的環境、所具備的條件和優勢，對自己的人生進行理智的設計和運作。在商場上也是如此，他們根據時代的潮流，選擇、設計和把握生意。也就因為如此，有人戲稱他們為「撞上運氣的人」。

在十九世紀五〇年代，美國的加利福尼亞一帶又出現一次淘金熱。這次年輕的猶太人李維斯·施特勞斯也興致勃勃地趕去。他隨身帶了一大捲斜紋布，本想賣給製作帳篷的商人，賺點錢，作為立足的資本。誰知，到了那裡才發現，人們不需要帳篷，卻需要結實耐穿的褲子。因為人們整天同泥和水打交道，褲子壞得特別快。

於是，李維斯用那捲斜紋布設計了世界上第一件牛仔褲。

後來，李維斯又在褲子的口袋旁裝上銅紐扣，以增強褲袋的強度。此後，他開始大批量生產這種新穎的褲子，銷路極好。儘管很多服裝商都競相模仿，但他的企業一直獨佔鰲頭，每年大約能售出一百萬條這樣的褲子，營業額達五千萬美元。

李維斯·施特勞斯就是一個被運氣撞上的人。運氣只撞那些有準備的人。或者說，有準備的人才能抓住偶然撞上門的「運氣」。

金融巨頭安德烈·邁耶就是一個有準備的人。

邁耶出生於巴黎一個生活維艱的家庭。一九一四年，16歲的邁耶為了家中生計而輟學，成為巴黎證券交易所的一名送信員。同年夏天，他受僱於巴黎的鮑爾父子銀行。這個機緣不僅使他從此進了銀行界，而且，由於戰爭造成金融人員大量流失，使他一進入就得以自由地學習這個行業的所有事物。不久，他的精明能幹就得到金融界的一致讚揚。

拉扎爾兄弟銀行在法國金融界聲譽不菲。一九二五年，拉扎爾兄弟銀行的老闆韋爾看上了安德烈·邁耶。他認為邁耶是個可造之材。這年邁耶27歲。韋爾問他是否願意加入拉扎爾。邁耶很感興趣。但他有一個問題：「我何時才能成為合夥人？」韋爾未置可否，邁耶就婉拒了這個邀請。

一九二六年，韋爾重提此事，並提出一個建議：邁耶必須經過一年的試用期。

如果他的表現的確非常出色，那麼一年後就可以成為合夥人。否則，他就得離開拉扎爾。邁耶此次毫不猶豫地跳槽了。

一九二七年，邁耶如願以償地成為拉扎爾的合夥人。但是，他並沒有滿足於這個成就。他追求的是成為一名真正意義上的銀行家：為客戶出謀劃策，安排交易，籌措款項，同時為銀行尋找有利可圖的投資機會。邁耶認為這種意義上的銀行業務才應當是拉扎爾的主要活動所在。

一九二八年，拉扎爾成為雪鐵龍汽車公司的主要股份持有者。當時，雪鐵龍公司首次向法國汽車工業引進了貸款銷售汽車的辦法。這種辦法是通過雪鐵龍的一家子公司「貸款銷售汽車公司」（法文簡稱「索瓦克」）實施的。但是，雪鐵龍的老板只把索瓦克當成他的汽車促銷工具。邁耶馬上想到索瓦克可以發揮更多的用途，比如貸款銷售家用器具，甚至房地產等等。他建議由拉扎爾聯合另外兩家銀行買下索瓦克，把它變成一家基礎寬廣的消費品貸款銷售公司。

雪鐵龍的老板認為邁耶的建議對他沒有壞處：索瓦克將繼續銷售雪鐵龍，不銷售其它汽車。只是，它也將從事其它領域的業務。此外，索瓦克的轉手，使雪鐵龍不必再為開辦這家相當於銀行的公司提供資金，這對於資金來源相當吃緊的雪鐵龍來說，是備受歡迎之舉。

為了成功地策劃這筆大買賣，邁耶四處活動。他的眼界非常高，最後找到兩家最強有力的合夥者：一家是「商業投資托拉斯」，當時美國最大的消費品貸款銷售公司之一；另一家是約翰·摩根的也是當時最負盛名的私人銀行——大通銀行。

合作夥伴找到了，接下來開始尋求使用索瓦克作為其銷售機構的商業客戶。他毫不費口舌，就與著名的美國電器製造公司負責人凱爾文·耐特簽訂了合約。就這樣，索瓦克開始運轉。它給投資者帶來了持續不斷的利潤，即使在經濟大蕭條時期依然如此。時至今日，它仍財源不斷，勢力強大。

索瓦克的成功讓金融界知道，邁耶是一個成熟的銀行家。他不僅能想出一個宏大的構想，還表現出了使這個構想得以實現的決心。

邁耶的成功說明了這樣一個道理：運氣只青睞那些有準備、有抱負、有超常耐力的人；運氣是偶然的，但抓住撞上門的運氣決非偶然；運氣是值得爭取的。

22 不喜歡薄利多銷的生意人

古往今來，很多人在經商過程中把「薄利多銷」視為商場的金科玉律。猶太人卻認為進行薄利競爭愚蠢之至，是奔向死亡的大競賽。在他們看來，同行之間開展薄利多銷的惡性競爭，無疑是往自己的脖子上絞索。因為「薄利」就體現了賣主對自己商品的缺乏自信，有「因為商品不好，所以才便宜賣」的意味。

對「薄利多銷」的營銷策略，猶太人常常這樣反問：「為什麼要薄利多銷？為什麼不厚利多銷？」

他們質疑：在靈活多變的營銷策略中，為什麼不採取上策而採用下下策？

賣三件商品，所得的利潤只等於賣出一件商品的利潤，上策就是經營出售一件商品的買賣。這樣，既可省下各種經營費用，還可保持市場的穩定性，並很快可以按高價賣出另外兩件商品。而以低價一下子賣了三件商品，市場飽和後，再想多銷也無人問津了。「薄利多銷」只能是「搬石頭砸自己的腳」。

猶太人在經營活動中除了堅持厚利適銷的做法之外，為了避免受到其他對手「薄利多銷」的衝擊，他們寧願出售昂貴的消費品，而放棄販賣低價商品。為此，世界上經營珠寶、鑽石等首飾的商人中，猶太人佔了大多數。猶太人選擇這樣的行業，顯然就是為了避開那些以薄利多銷為經營策略的競爭者。事實上，那些競爭者一般都缺乏資本或力量去經營首飾類資本密集型商品。

猶太人的「厚利多銷」策略是以有錢人為著眼的目標。名貴的珠寶、鑽石、金飾，一擲千金，只有富裕者才消受得起。

既然是富裕者，他們當然付得起。而且，他們講究身分，對價格不會那麼計較。相反地，如果商品定價過低，反而會使他們產生懷疑。

猶太人抓住富裕者「價低無好貨」的消費心理，開展了厚利策略的經營之道。即使經營非珠寶、非鑽石首飾商品，他們也是以高價厚利策略營銷。如美國最大的百貨公司之一梅西百貨公司，它出售的日用百貨品總要比其它一般商店的同類商品價高50%，而它的生意仍然比別家公司好。

猶太人的高價厚利策略，表面上是從富有者著眼，事實上，它是一種巧妙擴充顧客層面的生意經。講究身分、崇尚富有的心理在整個社會比比皆是。在富貴階層流行的東西，很快就會往中下層社會延展影響力。根據統計和分析，在富有階層流行的商品，一般只需兩年左右的時間，就會推行到中下層社會。

道理很簡單：介於富裕階層與下層社會之間的中等收入者，他們總想進入富裕階層。由於這種心理的驅使，為了滿足往上層發展的需求或其它原因，他們通常會向富裕者看齊。為此，即使力不從心，價格貴昂的商品消費不起，崇尚富貴的人仍然會展開行動，不惜代價地出手購買。藉由這樣的連鎖反應，昂貴的商品也會逐漸成為社會流行品。可見，猶太人的「厚利多銷」策略是「醉翁之意不在酒」，同樣是盯著整個社會的大市場。

23 每一筆生意都是第一次

猶太人認為，在商業活動中，人與人大多以利益維繫彼此的關係。人的良知和道德常常會被金錢扭曲，一旦輕信他人，就可能傾家蕩產，而且呼告無門。「每次都是初交」的生意經，初看之下毫不起眼，細細推敲，卻令人深思。

有一天，一位日本商人請一位猶太畫家上銀座的飯館吃飯。賓主坐定，畫家乘等菜之際，取出身筆，給坐在邊上談笑風塵的飯館女主人畫速寫。

不一會兒，速寫完成。畫家把它遞給商人觀賞。這速寫畫得形神兼俱，日本商人連聲讚嘆：「太棒了，太棒了！」

聽到商人的連番稱賞，畫家當即轉過身來，面對著他，又在紙上勾劃起來，還不時向他伸出左手大拇指。通常畫家在估計作畫對象的比例時都用這種

方法。商人一見畫家那副架勢，猜想這回是在給他畫速寫了。雖然因為面對面坐著，看不見他畫得如何，但還是一本正經地擺好了姿勢。商人眼看著畫家一會兒在紙上勾畫，一會兒又向他豎起拇指，足足坐了十分鐘。

「完成了。」畫家停下筆，說道。

聽到這話，商人鬆了一口氣，迫不及待地欠身過去。一看，不禁大吃一驚。原來畫家畫的根本不是他，而是自己左手大拇指的速寫。

商人連羞帶惱地說：「我特意擺好姿勢，你……你卻作弄人……」

畫家笑著回應道：「我聽說你做生意很精明，所以故意考驗你一下。你也不問人家畫什麼，就以為是在畫自己，還擺好了姿勢。單從這一點看，你同猶太人相比，還差得遠呢！」

此時，日本商人如夢方醒，明白了自己錯在什麼地方：看見畫家第一次畫了女主人，第二前又面對自己，就以為一定是在畫自己了。

正是基於對類似這位日本商人所犯的錯誤，猶太人哪怕同再熟的人做生意，也決不會因為前一次合作的成功，而放鬆對眼前的生意所開立之各項條件、要求的審視。他們習慣於把每次生意都看作一次獨立的生意，把每次接觸的商務伙伴都看作第一次合作的夥伴。這樣做，起碼有兩大好處——

其一，不致像前述的日本商人那樣，因為自己對對方的先入之見而掉以輕心。相反，可以有足夠的戒備防止對方可能施展的一切手腳。

其二，可以保證自己第一次辛辛苦苦爭取到的贏利，不至於被第二次生意中為顧念前情而做出的讓步所斷送。生意終歸是生意，容不得「溫情脈脈」。

猶太人深知，在人的潛意識層面，「每次都是初交」往往因漫不經心而被忽略了。先入之見的厲害之處就在於會使人都想不到去糾正它。直到一件事情的結果出來了，大失所望、甚至絕望之餘，才懊悔不已地察覺到自己的疏忽。

「每次都是初交」是猶太人在漫長的歷史時期，由活生生的商業活動中得出的高級生意經，其適用範圍已到達潛意識層次。只有一個發明了精神分析學的民族，才會在這種極其細微、極不容易覺察的地方，得到如此清晰的認識，並且駕輕就熟，游刃有餘。這是一條保持內心平衡，不被他人策動的生意經。

有趣的是：對自己，猶太人要求做到「每次都是初交」，不為他人所策動；但對交易對手，他們會毫不遲疑地利用對方對「第二次」的先入之見，進行策動。

有一則猶太笑話，說的是某個賣傘櫃枱的售貨員，他不用開口，透過顧客的問話，就構築好了「第二次陷阱」。

「先生，您買這把漂亮的傘吧！我保證這是真綢面的。」

「可是，太貴啦！」

「那麼，您就買這把吧！這把傘也很漂亮，而且不貴，只賣5馬克。」

「這把傘也有保證嗎？」

「當然。」

顧客猶豫了很長時間，又問道：「保證它是真綢的？」

「不是……」

「那你又保證什麼？」

「這個嘛……我保證它絕對是一把傘。」

這則笑話中的顧客差一點把「第二個保證」當成「第一個保證」，從而買了一把僅僅「保證」它是「傘」的傘。

24 能賺錢的就是好生意

在生意場上，只能遵守商業規則，日常生活中的親情、友情、尊老愛幼、禮讓、助人等等各種倫理道德上的規範都必須服從它。在生意場上，一切都是商品，而商品只有一個屬性，那就是增值、生錢。除了犯法的事不能幹，違背合約的事不能幹，其它一切都應該服從這個最高目的。

猶太人在進行商業操作之前，總是先排除掉那些倫理道德規範的掣肘和情感的障礙，放下包袱，輕裝上陣。正因為他們眼界看得寬，手腳放得開，所以處處得心應手，無往而不勝。

在猶太人看來，創立一家公司，無非是為了賺錢。只要能賺錢，出售自己的公司也是一種商業形式。同樣道理，猶太人在進行商業操作時，對於所借助的東西，也從來不存什麼顧忌，只要是有利於賺錢，且不違犯法律，就怎麼好用怎麼用，完全不多方考慮。

猶太民族生活上的禁忌之多之嚴格，在世界各民族中是很少見的，並且這些禁忌歷經兩千多年而堅持一以貫之，極少改變。但是，另一方面，猶太人在經營商品時的百無禁忌也是世界各民族中的異類。許多原先非商業性的領域，大都是被猶太人打破禁忌，才納入商業範圍。

蘇聯剛剛成立時，許多資本家把社會主義看作洪水猛獸。只有猶太人哈默不受局限，獨闢蹊徑。結果他在蘇聯發了大財。

嚐到甜頭使哈默信心大增。他想：「我為什麼不回美國一趟，聯合生產機器和其他產品的各家企業，與蘇聯進行更多的貿易？」

他說服的第一個人是亨利·福特。福特汽車早已聞名世界，其創始人亨利·福特不僅是個固執的倔老頭，也是個有名的反蘇派。哈默經人介紹，與福特見了面。福特不否認在蘇聯市場銷售自家公司的產品可以賺錢。但是，「我絕不運一枚螺絲釘給敵人！除非蘇聯換了政府。」

福特的態度非常堅決，但哈默沒有氣餒。他說：「您要是等蘇聯換了政府才去那裡做生意，豈不是丟掉一個大市場？」

哈默把自己在蘇聯的見聞、經商的經歷及列寧如何對自己開「方便之門」的事，一五一十地講了出來，然後勸說道：「我們是商人，只管做我們的生意，而生意就是生意。」

福特對哈默的話漸漸產生了興趣，留他共進午餐。餐後，又陪哈默去參觀自己的機械化農場，兩人談得非常投機。最後，福特終於同意哈默作為自己產品在蘇聯的獨家代理人。

哈默從福特這裡首先打開了缺口，很快又成了美國橡膠公司、美國車床公司、美國機械公司等許多家企業在蘇聯的獨家代理商。

後來，在他的斡旋下，福特公司和蘇聯政府又達成了聯合辦拖拉機生產工廠的合作協議。福特由此獲得了滾滾利潤，哈默自然也受益匪淺。

25 匠心獨具的大贏家

有著「世界第一商人」之美譽的猶太人之所以得此美稱，包含諸多因素。其中，最重要而且最具猶太特性的因素即是他們精明的心態。

猶太人不但極為欣賞、器重、推崇精明，而且是堂堂正正地欣賞、器重、推崇，就像他們對錢的心態一樣。在猶太人心目中，精明是一種自在之物，可以以「為精明而精明」的形式存在。這當然不是說，可以精明得沒有一點實效，而是意指：除了實效之外，其它價值尺度一般難以用來衡量精明；精明不需要低頭垂首地在宗教或道德法庭上受審、聽訓斥。

猶太人尤伯羅斯操辦洛杉磯奧運會，更把這種本領發揮到顛峰。

奧運會是舉世矚目的大型活動。對一個國家、一個民族和一個城市而言，能夠承辦奧運會，是一項巨大的榮譽。但是，奧運會的巨額費用常使承辦者苦不堪言，某些想承辦者就因此知難而退。籌集資金是承辦奧運會的關鍵，這個問題始終困擾著有意問津者。

尤伯羅斯藉由一番詳加分析後，認識到，以往人們只注重奧運會的體育和政治功能，卻忽視了它的一個最大的重點——經濟功能。

《塔木德》裡說：「任何東西到了商人手裡，都會變成商品。」——這句話對尤伯羅斯來說，恰如其分，毫不誇張。

尤伯羅斯身為商人，深刻體會到，企業家最重視的是自家企業產品的知名度。為了使自家的產品名氣上超過競爭對手，每個廠家通常都很願意花大錢，以求設法擠垮對手。為此，尤伯羅斯決定利用各家競爭對手的這種心理，提高贊助收入。他規定，本屆奧運會，正式贊助單位只接受三十家，每一個行業選擇一家，每一家至少得贊助四百萬美元。贊助者可取得本屆奧運會某項商品的專賣權。這樣一來，各大公司就只好拼命抬高贊助額的報價。

可口可樂和百事可樂歷來就是死對頭，每一屆奧運會都是這兩家死敵交手的戰場。一九八〇年莫斯科奧運會，百事可樂佔了上風。雖然賭注大了點，但畢竟打響了牌子，提高了銷售量。可口可樂儘管自恃老大，卻因一不留神，就在競爭中落敗。這次洛杉磯奧運會，可口可樂決心一定要扳回一城。

尤伯羅斯向這兩家大公司拋出了四百萬美元的底價。當百事可樂還在猶豫舉足不定之際，可口可樂已經胸有成竹，一下子把贊助費提高到一千三百萬，比尤伯斯所提出的底價高出三倍有餘。可口可樂的一位董事咄咄逼人地說：「我們一下子多出九百萬，就是不給百事可樂還手的餘地，一舉將它擊退。」果然，百事可樂沒有還手的餘地，可口可樂成了奧運會飲料行業的獨家贊助商。

尤伯羅斯笑納了一千三百萬美元之後，又把目光對準了感光膠片的兩個大亨：柯達公司和富士公司。底價同樣是四百萬美元。然而，這次沒有那麼順利。

柯達公司一開始也想加入贊助者的隊伍，但他們不肯接受組委會不得低於四百萬美元的條件，只同意贊助一百萬美元和一大批膠捲。尤伯羅斯沒有答應。

此時，一向嗅覺靈敏的日本人似乎感覺到了什麼，決心藉由這次機會打入美國市場。富士公司同尤伯羅斯討價還價，最後以七百萬美元的價格買下洛杉磯奧運會的膠捲「獨家」贊助權。

待柯達公司醒悟過來時，富士膠捲已經充斥了美國市場。為此，柯達公司廣告部經理被撤了職。

美國通用汽車公司與日本豐田等日本幾家汽車公司的競爭，更是熱火朝天，彼此都竭盡全力，拼搶這「獨家」的贊助權。

結果，企業贊助共計三．八五億美元。相較起來，一九八〇年的莫斯科奧運會，三八一家贊助廠商總共僅贊助了九百萬美元。

奧運會籌辦單位收入最高的一項莫過於把運動會實況的電視轉播權作為專利拍賣。最初，工作人員提出的最高賣價是一．五三億元，遭到尤伯羅斯的否決。他親自研究了前兩屆奧運會電視轉播的收益，又弄清楚了美國電視台各種廣告的價格，提出了二．五億美元的底價。

尤伯羅斯向美國兩家最大的廣播公司——美國廣播公司（ABC）和全國廣播公司（NBC）游說，策劃了兩家公司之間一場全力以赴的競爭。結果，NBC欣然接受了這個價格。NBC負責體育節目的副總經理對尤伯羅斯在談判期間所表現的談判藝術和工作效率十分欽佩。

尤伯羅斯還以七千萬美元的價格，把奧運會的廣播轉播權分別賣給了美國、歐洲、澳大利亞等國。從此次開始，廣播電台免費轉播的育比賽的慣例被打破了。

結果，僅此一項，尤伯羅斯就籌集到了二．八億美元。

奧運會開幕前，要從希臘的奧林匹亞村把奧運之象徵的火炬空運到紐約，再通過接力，蜿蜒繞行美國的32個州和哥倫比亞特區，途經41個城市和近一千個鎮，全程約一・五萬公里，最後傳到洛杉磯，在開幕式上點燃。

尤伯羅斯發現，參加奧運火炬接力跑是很多人夢寐以求，引以為榮的事，於是他提出了一個公開出賣參加火炬接力跑名額的辦法，即凡是參加美國境內奧運火炬接力跑的人，每跑1哩，須交納三千美元。

此語一出，世界輿論嘩然。儘管尤伯羅斯的這個做法引起非議，他仍然我行我素，最後，大筆款項還是收上來了。這一活動籌集到了三千萬美元。

尤伯羅斯還設計了「贊助人計畫票」：凡願贊助二萬五千美元者，可保證奧運會期間每天獲得最佳看台座位兩個；每家廠商必須贊助五十萬美元，才能到奧運會場做生意。結果有五十家廠商，從雜貨店到廢物處理公司，都出來贊助。

組委會還發行各種紀念品、吉祥物，高價出售。

隨著奧運會的日益臨近，整個洛杉磯市已呈現出濃郁的熱鬧氣氛。由各家企業贊助整修和重建的各種設施已煥然一新。國際奧委會主席薩馬蘭奇和主任貝利烏夫人視察了這些設施之後說：「洛杉磯奧運會的組織工作是最好的，無懈可擊。」

從五彩繽紛的開幕式開始，各類抵制行動給奧運會帶來的陰影一掃而光，來自世界各地的運動員和觀眾表現出的空前熱情，把洛杉磯奧運會推向巨大的成功。

一四〇多個國家和地區的七九六〇名運動員使這屆運動會的規模超過了以往任何一屆。整奧運會期間，觀眾十分踴躍，場面熱烈，門票場場暢銷。田徑比賽時，九萬人的體育場天天爆滿。以前在美國屬於冷門的足球比賽，觀眾總人數竟然超過了田徑項目。就連曲棍球比賽也是場場座無虛席。美國著名運動員劉易斯一人獨得4枚金牌。多傑爾體育場的棒球表演賽，觀眾比平時多出一倍。

同時，世界各地幾乎都收看了奧運會的電視轉播，令人眼花撩亂的閉幕式至今還留在人們的記憶中。

在奧運會結束的記者招待會上，尤伯羅斯宣稱，本屆奧運會將會有贏利，數目大約一千五百萬元左右。可是，一個月之後的詳細數字表明，洛杉磯奧運會的贏利竟高達二·五億美元。真是太了不起了！

26 「借勢操作」的巧妙智慧

在猶太人成功的因素中，「借勢操作」是很重要的一環。任何事業都不可能一步登天，「登天」的途徑卻有千萬條。借勢借力就是一條快捷又省力的途徑。猶太人流浪異地他鄉，遭人歧視，受人排擠，無地無權又無勢，想出人頭地，在常人看來，簡直是妄想。然而，事實上，許多猶太人以他們不凡的智慧和機智，加上勤勉、忍耐的性格，完成了「資本的原始積累」階段，最終成了富翁。

猶太人亨洛維格就是利用這種超乎尋常的方式，巧妙利用他人的錢發家致富，最終成就偉業的。與洛維格相比，船王歐納西斯只像是大海中的小水滴。洛維格擁有當時世界上噸位最大最多的油輪，還兼營旅遊、房地產和自然資源開發等行業。

洛維格第一次做的生意只是一艘船的生意。

他把一艘某人擱置很久，已沉入海底，長約26呎的柴油機動船很費勁地雇人打撈出來，然後用了四個月的時間將它維修好，再將它承包給人，自己從中獲利50美元。這使他大感高興。他很感激父親借錢給他，藉此還明白了借貸對於一貧如洗的人進行創業，是多麼重要。

可是，青年時期在業界碰來碰去，他經常債務纏身，瀕臨破產。他始終沒有跳出平常的思維，因而抓不住成功的竅門。就在他行將進入而立之年時，靈感爆發了：他向幾家紐約銀行申請貸款，意圖買一艘制式規格的舊貨輪，打算動手把它安裝改造成賺錢較多的油輪。但他遭到了連番拒絕，理由是他沒有可資擔保的東西。面對著一次次失望，他並未氣餒，而是生出一個不合常規的想法。

洛維格有一艘僅僅還能航行的老油輪。他將它以低廉的價格包租給一家石油公司。然後他去找銀行經理，告訴他們，他有一艘由石油公司包租的油輪，租金可每個月從石油公司直接撥入銀行，以抵付貸款的本息。經過幾番周折，紐約大通銀行終於答應借貸給他。

洛維格並沒有擔保物，但石油公司有很好的效益，潛力很大。除非碰到了天災人禍，否則，石油公司的租金一定會按時入賬。他的計算非常周密：石油公司的租金剛好可以抵償他銀行貸款的本息。這種奇異而超常的思維儘管看起來有些荒誕，卻幫他敲開了財富的大門。

拿到了貸款，他就去買下他想要的貨輪，然後動手改裝成一艘航運能力強的油輪。他以同樣的方式，把這艘油輪包租出去；再以包租金抵押，貸到一筆款，又去買船。周而復始，他的船越來越多。其後，他開始還債。每還清一筆貸款，一艘油輪便歸到他的名下。隨著貸款的還清，那些包租船終於全部歸他所有。

洛維格的成功，最關鍵的地方在於他找到了一種巧借他人的「勢」壯大自己的妙策。一方面，他將船租給石油公司，這樣他就有了與這家石油公司開展業務往來的背景。有這樣一家石油公司襯托他，又可以用每月的租金直接抵付利息，銀行當然樂意將錢貸給他了。另一方面，他用從銀行借來的錢去買更好的貨輪，再租給石油公司，然後又貸款。從這一點上講，他又成功地巧用借來的錢壯大了自己的「勢」。如此往復，借的錢越多，租出去的船越多；租出去的船越多，其「勢」就越壯大；「勢」越壯大，又可以獲得更多的錢。

不論在商界、政界，還是在科技界，猶太人的成功者都是善借他人之「勢」，巧借他人之「智」的高手。

如美國前國務卿季辛吉，且不說他在外交工作中的政治手腕，就說他處理白宮內的事務，就是一位典型巧於借用他人之力和智慧的能手。

他有一個慣例，凡是下級呈報的工作方案或議案，他先不看，壓它三天之後，才把提出方案或議案的人叫來，問他：「這是你最成熟的方案（議案）嗎？」對方思考一下，一般不敢做出肯定的回答，只能說：「也許還有不足之處。」季辛吉一聽，就會叫他拿回去，再思考和修改得完善些。

過了一些時間，提案者再次送來修改過的方案。這一次，季辛吉會把它看完，然後問道：「這是你最好的方案嗎？還有沒有其它比這方案更好的辦法？」這使提案者陷入更深層次的思考，最後又把方案拿回去再研究。季辛吉就是這樣反覆讓下屬深入思考，研究，善用最佳的智慧，達到自己所需要的目的。這不愧是一記高招，反映出猶太人善借他人的力量為自己服務的大智慧。

總而言之，猶太人借勢操作的手法的確是經商的一天訣竅。借助他人的力量，使自己的能力發揮最大的效果，是成功的捷徑。善於拜訪比自己有智慧的人，可以使自己立於不敗之地。

27 生意人不能有成見

在經商活動中，猶太人對生意對象總是一視同仁，不帶一絲成見。在他們看來，因為有了成見而壞了賺錢的機會，簡直愚蠢至極。

猶太人散居世界各地，雖然彼此之間有國籍之別，但他們都自視為同胞，經常保持密切的聯繫。

在經商過程中，猶太人累積了一種寶貴的經驗：貿易之中無成見；想要賺錢，就得打破既有的成見，就像金錢沒有骯髒和乾淨之分一樣。

猶太人對交易的對象通常不加區分。只要能賺錢，達成生意上的協議，能從對手的手中賺到錢，就可以做。

在猶太人的觀念中，除了他們本族之外，其他各族都是外國人。為了賺錢，不管哪一國人，都是他們交易的對象。他們絕不會因為交易對象的宗教信仰、膚色、社會性質而放棄一樁能賺錢的生意。

猶太人聰明地認識到：要賺錢，就不可顧慮太多，不能被原來的傳統習慣和觀念所束縛；要敢於打破舊傳統，接受新觀念。

眾所周知，金錢是沒有國籍的。所以，賺錢就不應當區分國籍，也不應該為自己計劃賺錢的種類限制圈子。這也是猶太人的成功之道。

28 利用法律賺錢的絕招

利用法律賺錢是猶太人外匯買賣的絕活。身為「契約之民」，猶太人居然可以在遵守契約的前提下，憑著自己的智慧和謀略，極為理性地賺取金錢。

一九七一年八月十六日，美國總統尼克森發表了保護美元的聲明。精明的猶太金融家和商人立刻意識到，美國政府此舉是針對日本這個對美國享有巨大貿易順差的國家。猶太商人又從情報中獲悉，美國與日本曾經就此問題，做過多次談判。一切跡象表明：日元即將升值。更令人吃驚的是，這個結論不是在尼克森總統發表聲明後，而是在半年前提出的。

眾多猶太金融家和商人根據細心的分析，得到精準的結論，在別人尚未覺察之前，就開展了一場大規模的「賣」錢活動，把大量美元賣給日本。據日本財政部調查：一九七〇年八月，日本外匯儲備額僅三十五億美元；而同年十月起，外匯儲備額以每月二億美元的累加速度上升。這與日本出口貿易的發展有關。當時日本的晶體管收音機、彩色電視機及汽車生意十分興隆。這時，美國猶太人開始逐漸向日本「賣」出美元。到一九七一年二月，日本外匯儲備額增加的幅度更大，先是每月增三億美元，到五月份，竟增加十五億美元。當時日本政府還蒙在鼓裡，日本新聞界還把本國儲備外匯的迅速增加宣傳為「日本人勤勞節儉的結果」。日本各界根本不知道這種反常現象，其實是美國猶太人「賣」錢到日本的結果。

在尼克森總統發表聲明的一九七一年八月前後，美國猶太人賣美元的活動幾乎到了瘋狂程度，僅八月份的一個月，日本的外匯儲備額就增加了四十六億美元。相較之下，日本戰後25年間，總流入量僅三十五億美元。

一九七一年八月下旬，也就是尼克森總統發表聲明十天後，日本政府才發現外匯儲備劇增的原因。儘管它立刻採取了相應措施，但一切為時已晚。美國猶太人預料的事發生了：日元大幅度升值。日本此時的外匯儲備已達到一二九億美元。

後來日本金融界算了個帳：美國猶太人在這段時間拿出一美元，便可買到三六〇日元（當時的匯率）；日元升值後，一美元只能買三〇八日元。也就是說，日本人從美國猶太人手裡每買進一美元，便虧掉五十二日元，猶太人賺了五十二日元。

在這幾個月的「賣」錢貿易中，日本虧掉六千多億日元（折合美元二十多億），即美國猶太人賺了二十多億美元。

日本有嚴格的外匯管理制度，猶太人想靠在外匯市場上搞投機活動，根本不可能，但日本人蝕本卻真實存在。

美國猶太人如此異常的大舉動，日本人為何遲遲未發覺呢？猶太人如何得手？這涉及到有「守法民族」之稱的猶太民族依法律形式鑽法規的空子，倒用法律的高超妙處。實際上，也只有受過「專業薰陶」的猶太民族才能表演此法。

從一九七一年十月起，日本外匯儲備額以每月二億美元的累加速度上升。這是日本的晶體管電子及汽車出口貿易十分興隆所帶來的結果，很正常。

從日本人自己的眼光看來，日本的外匯預付制度是非常嚴密的。但猶太人看出了它的大漏洞。外匯預付制度是日本政府在戰後特別需要外匯時期頒布的。根據此項條例，對已簽訂出口合約的廠商，政府提前付給外匯，以資鼓勵。條例中還有一條規定，即允許解除合約。

猶太人正是利用外匯預付和解除合約等等條款，堂而皇之地將美元賣進了實行封鎖政策的日本外匯市場。

美國猶太人採取的方法事實上很簡單。他們先與日本出口商簽訂貿易合約，充分利用外匯預付款的規定，將美元折算成日元，付給日本商人。這時他們還談不上賺錢。然後等待時機，待日元升值，以解除合約的方式，讓日本商人再把日元折算成美元還給他們。這一進一出兩次折算，利用日元升值的差價，便可以穩賺大錢。

從這則「日本人大失血」的事例中，不難看出猶太人成功的經營思路在於「利用」了日本的法律，將日本政府為促進貿易而允許預付款和解除合約的規定，轉為爭取預付款和解除合約，做一筆虛假的生意。這樣，日本政府只能陷入自己的法律所形成的漏洞，眼睜睜地看著猶太人在客觀形式上，絕對合法地賺取了一般人主觀上絕對不認為是合理的利潤。

29 知己知彼的經營哲學

猶太人可說是「知己知彼」哲學的積極倡導者。進行交易時，他們不但極力做到了解對手，也會讓對手了解自己的意圖。這樣，做起生意來，就可以減少許多猜忌和不信任，有利於交易的效率。

商場上，只有洞悉對手的真實意圖，體察到對手的強弱之勢，才能真正掌握主動權。同樣，只有真正了解自己的情況，對自己的優劣之勢瞭若指掌，才可能揚長避短，發揮己方最佳的優勢或狀態。

在以利益為中心的商業活動中，經商實質上是一系列博弈的過程。絕大多數情況，只有在雙方都已互相了解，且都清楚可能出現的結果，這樣的博弈才可能是穩定而均衡的，也可實現雙方利益的最大化或虧損的最小化。相反地，如果商場上處處爾虞我詐，根本不讓對手知道自己的意圖，對手也不讓你清楚他的意圖，雙方都信奉「騙子」哲學，那麼，最多恐怕只能做一次買賣。

總而言之，前一次博弈是後一次博弈的歷史背景，亦即為後繼博弈的前提條件。也就是說，任何一方都會根據前次博弈，判斷對方的真實意圖和誠信程度。

猶太人特別善於做長線生意。他們希望與對手做長久的生意夥伴，因而總是認真地對待對方，盡可能讓對方瞭解自己的意圖和誠意。這樣一來，取得了對手的信任，才能長久與對方做生意獲利，且可以節省重新尋找生意夥伴的成本支出。

舉例而言：有兩個小偷在接受審訊。如果兩人都不承認自己偷了東西，他們可以無罪釋放；如果兩個都承認，則輕判；如果一個承認，另一個拒不承認，撒謊不承認的那一個將重判，說真話承認的那個輕判。

這時，由於審訊是單獨進行，彼此不知道對方會說出什麼話，兩個小偷均不敢輕易撒謊。因為，若對方承認，自己撒謊，就慘了；而如果自己承認，不管對方如何，自己都可得到輕判。所以，他們都選擇承認。

知己知彼的經營哲學，是使猶太人摘取「世界第一商人」之桂冠的祕訣之一。

30 「瞎子點燈」的商業哲學

在猶太人的商業文化中，「瞎子點燈」是一種主動使對手瞭解自己的商業邏輯，一種可以使彼此成為知己的哲學，其精彩之處在於讓對手為自己的利益著想，從而最有力地調動對方。

每個人自己考慮得再周密，由於沒有同對手考慮到一個點子上，還是可能引發某種誤會，甚至導致衝突。對於這種可能性，猶太人很早就有所體察，並將自己的感悟濃縮在一則極短小的寓言中。

在漆黑的道路上，有個瞎子提著燈籠緩緩前行。對面來人見他是個瞎子，不解地問他：「你是個瞎子，提個燈籠，能起什麼作用？」

瞎子不慌不忙地回答：「因為我打了燈籠，明眼人才能看到我。」

對瞎子來說，在漆黑的道路上行走，自己跌倒的可能性遠小於被行人撞倒的可能性。那些習慣於靠眼睛走路的人對黑暗的熟悉度遠不及眼前永遠漆黑的瞎子。於是，瞎子亮起了燈籠。這光亮不是照向路面，而是照向自己，以便讓每個相遇者都可以看清他，及早避讓，從而他自己就能順利行走。

猶太民族走過兩千多年的「夜路」，摸索並修煉出「瞎子點燈」的商業智慧。作為一個長期寄居於其他民族之社會之中的共同體，作為一個「軟弱」又「硬著頸項」的民族，靠武裝起義、示威遊行等進行反抗是極其愚蠢的，最理智的辦法就是讓寄居於社會的民主統治者明白猶太人對他們及整個社會的價值。

「瞎子點燈」的邏輯可以讓人們彼此相互了解，從而得出雙方共榮共生的結局。這是猶太人的高妙之處。

Lesson 06

談判智慧

對猶太人來說，人生就是一張談判桌。他們無時不在與上帝、敵人、對手進行談判。他們把談判視為一種表現超凡藝術的戲劇。談判前，他們精心謀劃；一旦進入這場沒有硝煙的戰爭，他們進行的是智慧與勇氣的較量，以保證自己進退自如。

1 商業談判的精髓

猶太人認為，談判絕不僅僅是雙方坐在談判桌前面比手畫腳、口沫橫飛或討價還價，它更是一幕精心策劃的戲劇，需要積極的準備和非凡的藝術，是談判雙方彼此間勇氣的較量；通過調整和妥協，雙方才能達成一致。

猶太格言：「與其迷一次路，不如問十次路。」其意也正說明：人在行動前，要把目標和方向搞清楚，不可貿然行動。

成功談判的精髓在於定下自己的目標，並做好如何實行它的計畫。人既是文化動物，也是感情動物，因此一個人的情緒往往受到經濟利益、名利、情感等諸多因素的影響，這些因素會左右他的行為和心態。在談判中，必須時刻牢記自己的目標，控制住自己的情緒，保持始終如一的堅定態度。

只有先明確目標，才能在對手面前保持冷靜。

2 談判要有最壞的打算

預備好失敗的對策，是猶太民族談判智慧中很重要的一環。談判不可能每次都成功。有些談判雖經雙方共同努力，終因差距過大而宣告失敗。對於不可避免的失敗，應該預先想好對策，以免事到臨頭而不知所措。

談判前，就得做最壞的打算：詳細羅列各種可能出現的情況，並把各種預定的對策列出。每一種壞情況，必須有一個對策。陣腳大亂，會帶給對手可乘之機。

預備好失敗的對策是一種務實的態度。這並不是給自己洩氣，而是消除自己的後顧之憂；也就是所謂的起死回生「立於不敗之地」。

有了這種意識，才能行動從容，決策果斷。順利時，不會被勝利衝昏頭；失敗時，仍能保持重新站起來的能量。

預測可能失敗的情形，並擬訂好對策，是高明的談判術之一。能在未蒙受損失之前及時抽身，便是因為事先測算過了。

猶太人喬費爾與三洋公司做了一場談判。談判前，三洋公司草擬了一份合約。喬費爾與律師商議後，決定圍繞這份合約，展開談判策略。

在三洋公司提出的合約草案中，有一條是關於將來雙方發生糾紛時的仲裁問題。三洋公司提議，仲裁時，地點選在大阪。

需要提醒一下，代理銷售這一類的合約發生糾紛的原因，一般是拒付貨款或產品質量出現問題。一旦出現糾紛，雙方最好通過直接協商解決。打官司是萬不得已的辦法。還有一種方式，就是事先在合約中明確約定雙方都認可的仲裁機關。

訴訟和仲裁的目的雖然相同，結果卻可能不同。無論仲裁在哪個國家進行，其判定的結論在任何一個國家都有效。判決就不同了，因為各國的法律不同，其結果也只適用於該判決國。也就是說，日本法院的判決，在荷蘭形同廢紙；荷蘭法院的判決，在日本也沒有效力。

可對前述的談判，喬費爾的思考重點是：本合約是否可能發生糾紛？若生發糾紛，其原因是什麼？已發生糾紛，究竟是進行仲裁還是提出訴訟對自己有利？

對喬費爾來說，一般較容易發生的麻煩是對方點交的貨物與他所要求的質量不符。但是，由於草案中雙方議定的是先發貨，後付款。那麼，一旦貨物有質量上的問題，喬費爾完全可以拒付貨款。如此一來，三洋公司必然會以貨物符合要求而上訴。一旦出現此種情況，在日本仲裁，對喬費爾會非常不利。但若將仲裁地改在荷蘭，三洋公司必定反對。雙方出現的第一個爭執不下的矛盾焦點最可能是此問題。

為此，喬費爾提出如下主張：「我們都知道仲裁的麻煩，無意涉入。為了預防萬一，發生糾紛時，不妨就請日本法院判決。」

想必各位已看出喬費爾的策略。假如雙方出現糾紛，日本法院的判決在荷蘭形同廢紙，即使對方打贏了官司，也根本執行不了。這樣，將來若真的出現糾紛，他乾脆不出庭都可以，連訴訟費都能省下。若這一提議能通過，他自然佔了上風。

在這則事例中，喬費爾因為預備好失敗的對策，事後他就輕鬆地遊覽去了。

總而言之，做任何事，我們都必須大膽地正視失敗，設法把可能的損失降到最低限度。

3 談判取勝的基礎

在猶太人眼中，說話是一種沒有硝煙的戰爭，說得好能贏得人心，三言兩語說不好，很可能招來殺身之禍。因為，猶太人說話時特別謹慎，從不隨便亂哈啦。但在社交場合或談判桌上，他們卻能隨機應變，對答如流，表現得異常幽默、風趣，從而能夠隨心所欲地控制談判的氣氛。

事實上，他們並不是天才。關鍵在於：談判前，他們已做好充分的準備。正如美國前國務卿季辛吉所說：「談判的祕密在於知道一切，回答一切。」

談判取勝的基礎在於周密的準備。周密的準備不僅包括弄清楚問題本身的有關內容，也包括知曉與之相關的種種微妙差異。為此，必須事先調查談判對手的心理狀態和預期目標，以正確地判斷出，用何種方式，才能找到雙方對立中的共同點。否則，事到臨頭，會給人情況不熟或優柔寡斷的印象，從而帶給對手可乘之機。

季辛吉被人稱作二十世紀最傑出的談判專家。談判前，他非常注重做好周密的事前準備，掌握詳盡的情報資料。

福特總統訪問日本時，曾隨意地向導遊小姐詢問「大政奉還」（編按：指的是慶應三年幕府第15代將軍德川慶喜將政權歸給天皇）是哪一年？導遊小姐一時答不上來。隨行的季辛吉立即從旁插嘴：「一八六七年。」

季辛吉對一般日本人都不清楚的日本歷史為何如此熟悉？原因很簡單：這個猶太人的後裔深知事前準備的重要性，訪日之前，早已瀏覽過有關日本的大量資料。

猶太人是談判專家，哪怕面對的是很小的談判，他們仍會事先做好大量的準備。這種工作方式，不僅在世界商業圈得到普遍重視，在外交界也如此。

4 克服勢弱的談判策略

猶太人在他們幾千年受欺壓的歷史中，雖然總是處於劣勢，卻迫使他們訓練出最高明的談判戰術。亞伯拉罕是諾亞的第十代孫子，被尊為「以色列信仰之父」。他與上帝經過了數次談判，終於訂立了有利於猶太人的契約。

上帝耶和華洞察到所多瑪和俄摩拉兩個地方的人作惡多端，罪孽深重，便決定毀滅這兩座城。這時，亞伯拉罕勇敢地站了出來，與他進行了一場精彩的談判。

他謙恭地請問上帝：「如果這兩座城裡有五十個正直的人，難道他們也應該因其他人的行惡而被毀滅嗎？為什麼不能相反，因這五十人的正直而寬恕其他人？」

上帝做了讓步，說如果他在城裡能找到五十個正直的人，就可以不予毀滅。

亞伯拉罕繼續謙恭地向上帝問道：「如果僅僅是為了缺少五人而湊不足五十人，也得毀滅那兩座城嗎？」

上帝又應允，如果亞伯拉罕找得到四十五個正直的人，也可以不予毀滅。

亞伯拉罕步步進逼，又問：「如果有四十人呢？」

就這樣，亞伯拉罕與上帝的談判一直延續下去。他毫不畏縮地不斷討價還價：「三十人又怎樣？……二十人又如何？……難道把擁有正直之人的城市，全部毀滅是合乎正義的嗎？」他謙恭而又凜然地問著上帝，說服著上帝。

最後，上帝答應，如果能在這兩城中找到十個正直的人，就不予毀滅。

遺憾的是，亞伯拉罕的努力最後仍然化為泡影，兩座城市裡居然找不到十個正直的人。於是上帝從天上降下大火與硫磺，把兩座城完全毀滅了。這兩座位於死海東南方的所多瑪城和俄摩拉城，如今已永沉海底。

從這則故事中可以得到啟發：在面對強勢的對手時，必須克服自己的恐懼和驚慌。應該意識到，不管對手多麼強大，只要他坐到談判桌前，就說明在某一方面，他並不希望談判破裂；一旦失去合作的機會，他很可能也會遭到一定程度的損失。

因此，在勢弱時，重要的是展現戰勝自我，不畏強勢的信心。因為，只要具備勝利的信心，就有勝利的希望。在此基礎上，找到強勢者的「軟肋」，就可以從容不迫地討價還價。

5 談判不殆的有利武器

無論是商業談判、還是外交談判，猶太人特別注重搜集情報。談判前，多一份對手的情報，就多了一分主動權。情報可以使自己多了解對手的愛憎，抓住對手的真實意圖，避免落入他們設計的陷阱；還可以估摸對手的要價，揣測對手的讓步底線，從而在談判中佔據主動地位，提高獲利的機率。

季辛吉曾經是哈佛大學的教授和國務院的顧問。顯然，這並不能滿足他的雄心壯志。他希望著著實實地踏入政界，而不是只當個有名無實的顧問。

他尋找的機會終於來臨了。

新一輪的總統競選即將開始。當時，美國正陷入越戰的泥沼。為了擺脫困境，美國政府已與已越在巴黎進行祕密和談。談判的內容是高度機密的。但和談對下屆總統的競選至關重要，許多人都想知道其中有何祕密，共和黨的總統候選人尼克森對此更是望眼欲穿。

季辛吉猜準了尼克森的心意，想到自己有一位朋友可以獲得和談的內幕消息，他就藉此與尼克森進行了祕密接觸。

於是，情報自然弄到手了。

第一份情報：巴黎剛發生重大事件。為此，季辛吉勸尼克森不要對大眾發表關於越戰的新策略。

第二份情報：現任總統詹森可能短期內下令停止

第三份情報：巴黎方面已協議停止轟炸北越。

令尼克森頭疼的情報，竟然輕而易舉地被他弄到手了。

憑著這些準備的情報，尼克森在大選前幾日所發表的談話沒有犯下任何錯誤。季辛吉提供的情報內容和時機，使尼克森獲得極佳的群眾反應和喝彩。

其後，尼克森競選成功，當選總統。對這位幫他登頂的猶太人，他當然青睞有加。考慮到季辛吉能力極強，又是恩人，便委以國務卿的重任。

季辛吉終於如願以償，他以情報為條件的談判策略大獲成功。

6 以小換大的談判戰略

商業談判一般遵守平等、互利互惠的原則。否則，雙方肯定不會坐到談判桌前。只有既考慮到自己的利益，又考慮到對手的利益，雙方才能合作成功。否則，誰願意白白為你效勞？

世界上沒有免費的午餐，誰肯讓別人白白佔了便宜。談判中，必須給對手一點好處；談判之根本在於找到自己與對手的共同利益。

談判中，當然要最大限度地爭取自己的利益，但絕不可以將所有的好處佔盡。談判時寸土不讓，不給對手絲毫好處是極不可能的。最好的選擇是在預先考慮好的合理範圍內，以小換大，給對手足以讓他心動的好處。

寧要不誠實的和平，也不要誠實的戰爭。

7 左右談判方向的細節因素

《塔木德》說：「人在故鄉所受的待遇由言行而定，在外鄉則視服飾而定。」也就是說，一個人的評價，在故鄉不受衣著影響，因為本鄉人了解他的言行。一旦到了它鄉，人們評價他，就會看他的外貌特徵、衣飾裝束和言談舉止了。

猶太人認為，組織談判時，多少需要製造一些對實現目的有幫助的突出效果。因此，在正式談判時，因為場合比較莊重，穿著也要有所講究。衣服要整潔，符合禮儀。不可穿奇裝異服，以避免給對手造成不夠莊重的感覺。

除了衣著服飾之外，有關談判的時間、地點、出席人員及談判的程度等細節問題，也應細細考慮。細小的地方，往往足以左右談判進行的方向。

重大談判當然在會議室進行。一般談判，在餐桌上氣氛可能更熱烈些。談判時，總經理或董事長出席與不出席，效果也完全不同。這些都要視具體情況而定。

8 博聞強記，有利於談判

對猶太人而言，廣博的知識不光是用來作為談話的資料和改變談話的氣氛。更重要的是，知識可以開闊他們的視野，幫他們從更多的角度看待事物，以便選擇解決問題的最佳途徑。實質上就是，知識有利於他們做出決策和判斷。

猶太人博聞強記並不是天生的。他們一方面精於心算，另一方面又非常勤奮，時時動筆。只要他們相中的，都會記錄下來。

猶太人愛做紀錄，卻並不隨身攜帶筆記本，而是香菸抽完後，把菸盒裡的錫箔紙抽出來，在背面做記錄，給人很隨意的感覺。回家後，他們再重新整理。

談判中，猶太人也是這樣做記錄，日期、金額、交貨期限、地點，樣樣講求清晰明白，不得有誤。談判中的這種記錄，實際上是他們做交易時的備忘錄。

一次，猶太人與日本人洽談一筆合約。

「先前談判時，交貨日期定的是某月某日。先生，恐怕你的記憶有誤吧？」時間一到，日本人似乎想藉拖延要賴。

猶太人根本不吃這一套，錫箔紙背面的記錄就是鐵證如山。他毫不客氣地說：「不！是你記錯了。就是這一天！我談判時的記錄非常清楚而準確。」

猶太人在談判中從不吃虧，他們很實際，記錄又準確。這當然得益於他們的博聞強記。

9 機會稍縱即逝

猶太人認為，有三種東西不能使用過多：做麵包的酵母、鹽、猶豫。

酵母放多了，麵包會發酸。

鹽放多了，會變苦。

猶豫多了，會喪失稍縱即逝的戰機。

猶豫是因為恐懼失敗，失敗讓人變得謹小慎微。猶豫的表現即是以各式各樣的藉口延緩行動，結果當然是坐失良機。這就是：「坐而言商，不若起而行動。」

猶太格言說：「人生之門不是自動門，我們若不主動去推開或拉開，它就會永遠關閉。」為了開啟成功之扉，必須主動採取推或拉的行動。

Lesson 07

婚姻智慧

在猶太民族中，各類人對婚姻有著完全不同的理解和注釋。在幾乎全是男性聲音的社會，男性討論女性，男性為妻子制定行為規範。但先賢們告誡男人，幸福的婚姻是奠基於愛和仁慈，而不是威嚴。只有在相互愛慕和尊重的基礎上，婚姻才能美滿幸福。

1 性不骯髒、髒的是人心

在猶太傳統中，性被視為是人生中美好又高貴的部分，是上帝賜給人類的最佳禮物之一。即使在禁慾主義盛行的時期，獨身也被認為不夠自然而遭到否定。神祕主義者認為夫妻間的性關係是受聖靈眷顧的神聖結合。但性需適度。性衝動一旦失去控制而過分膨脹，將被看成「惡的衝動」或「邪惡的慾望」，具有可怕的敗壞力量，會毀壞個人，甚至社會。總之，只要正確地控制自己的情慾而不是受情慾左右，性是值得肯定且美好的。

人類的神祕性表現於智慧、理解和知識。要知道，男人的神祕表現於智慧，女人的神祕表現於理解，而純潔的性行為表現了知識的神祕。正當的性行為是靈魂昇華的途徑，男人和女人的結合使神祕性增強，由此超越了個體的存在。此外，男人和妻子的結合是聖潔的，誰也不能認為這種結合是醜陋可憎的。

性慾開始時像蜘蛛網一樣脆弱，最後卻像綁大車的繩索一樣堅硬。

猶太民族有這樣一個傳說——

以色列人曾經透過虔誠的祈禱，抵禦偶像崇拜的罪惡慾望。禁食了三天三夜，他們終於得到回報。他們抓獲一個惡之偶像的崇拜者，迅速把他鎖進鉛壺裡。從那天起，以色列人從偶像崇拜中解放了出來。

被勝利的喜悅所鼓舞，人們決心更往前進步。於是，他們說：「既然我們光榮的時刻到了，就讓我們祈禱上帝把性慾也移交給我們吧！」

他們祈禱，上帝給了他們。

先知以利亞警告說：「要明白，你們若殺了性慾，世界就會崩潰！」

不過，他們把性慾囚禁了三天。為此，當他們尋找鮮雞蛋的時候，在以色列的土地上竟然一個也找不到。「我們應該怎麼辦？」人們紛紛議論：「我們該殺了他嗎？可是，沒有了性慾，世界就無法存活。我們應該讓他活著並防止他誘惑我們？可是，天上不承認這樣的仁慈。」

因此，他們弄瞎了性慾的眼睛，放他走了。

所以，後來有人說，性的衝動往往是盲目的。

2 莫因熱戀而結婚

在猶太人看來，由熱情煽起的愛是很危險的。絕不可過度熱情，以免引火焚身，毀滅自己。戀情愈熾烈，戀愛的生命愈短暫。過度的熱情是無法持久的，就像大海的潮汐一樣，漲了之後就會落。

因此，猶太人能夠用冷靜的眼光評價戀愛。戀愛是果醬，必須抹在「人生」的麵包上吃，否則婚姻絕對不會長久。愛情是浪漫的，婚姻是現實的。一個星期能夠結束一次蜜月旅行，卻絕不可能在一個星期內結束一生的婚姻。光靠熱情和戀愛支持的婚姻，不大可能承擔巨大的苦難，因為愛本身只追求幸福。只有愛和責任兩者結合，婚姻才能背負起生活中的苦難。

因愛而生的婚姻，才能夠長久。但是，猶太人並不否定戀愛。

某男子與一位姑娘墜入愛河，男子思慕成疾，遂找醫生診斷。醫生開了處方：「這是因為你的情慾無法達成，所以鬱積成疾。心病必須心藥醫。只要你和所愛之人春風一度，必然能夠不藥而癒。」

對於醫生的建議，男子猶豫不決，遂訪拉比，請求指點。

拉比聞言，堅決表示，絕不可為了圖謀一時之快，任意發生性關係。

男子又問：「那麼，我倆隔牆相互傾訴，這樣可以嗎？」

拉比還是不予贊同。

這名男子仍然疑惑難消，聽到的人也感到不解：「為什麼您要如此強硬地反對這一切做法呢？」

拉比回答：「生而為人，就必須持守貞節。如果有人藉口相思難耐，隨意發生男女關係，社會規範就可能難以維持。熱烈的激情是難以長久的。冷靜下來，你會過得更自在。」

猶太人認為，戀情愈熾烈，戀愛的生命愈短，因為由感情煽起的熱情是無法持久的。莫因熱戀而結婚，因熱戀而輕率地步入婚姻，經常導致不幸的後果。

3 獨身主義行不通

在猶太人看來，不結婚的人，生活中必定沒有快樂，找不到幸福，做不成好事。因此，猶太教的拉比們強調：「未婚的男人，算不得是完整的人。」結婚就意味著成家，而妻子即是家。也就是說，男人的家是他的妻子。約西拉比從不稱自己的妻子為妻子，而稱她為「我的家」。

猶太人宣稱，缺乏女性的男人是不完美的人。

無論是猶太教義或教中的拉比，都反對一個人選擇獨身。獨身的人是不完整的。人應當結婚，這既是社會的要求，也是人性的要求。

猶太人反對不結婚，把獨身的人看作不完整，表現了他們的睿智，他們看待婚姻的高超之處。猶太民族對待愛情是非常理智的。

4 猶太人的擇偶

擇偶時，猶太人沒有忽視優生原則。對於配偶的選擇，猶太的聖典中有許多規定，其中有這樣的忠告：「太高的男人不能和太高的女人結婚，免得他們的孩子又高又瘦。男侏儒不能和女侏儒結婚，以免生出更小的侏儒。」

猶太拉比還有另一條建議：「選擇妻子時，向前邁一步。」

猶太人對遺傳學非常重視。他們不僅看重人的生物性遺傳，而且注重知識等社會內容方面的遺傳。很多猶太人強烈地希望娶學者的女兒為妻。

挑選對象時，《塔木德》中有一段這樣的話勸告男人：「不要重美貌，要重家庭。睜開眼睛挑選自己的新娘，不要只看外表，要看家庭背景；因為優雅的風度是虛假，美貌是徒勞，敬畏上帝的女兒才值得讚美。」

5 好女人是一所男人的學校

婦女在猶太人心目中地位的重要，從下面這則故事中可窺見一斑——

羅馬皇帝對拉比伽瑪列說：「你的上帝是賊。因為《聖經》上寫著：『耶和華使他沉睡，他就睡了；於是取下他的一條肋骨……』所以上帝是賊，你怎麼回答！」

拉比回家後，覺得好煩，女兒問他怎麼了，他就如實告知。

拉比的女兒對父親說：「讓我回答他。」

她對皇帝說：「請給我派個官員，好調查一樁案子。」

羅馬皇帝問道：「出了什麼事？」

她回答：「夜裡賊闖進了房子，偷了一隻陶罐，卻留下一隻金罐子。」

皇帝聽後喊道：「但願這樣的賊，天天來光顧我。」

拉比的女兒反問道：「那麼，一個男人只是失去一根肋骨，卻得到一位侍奉他的女人，這不是一件極好的事嗎？」

猶太社會中，日常生活的基礎是家庭。因此，猶太人總是十分注意保持家庭的純潔和穩定。由於意識到婦女在家庭生活中所扮演之角色的重要性，她們得到很有尊嚴的地位。

考慮到婦女在家庭中的責任，在猶太律法中，她們被免除了一種宗教義務。律法中規定：「婦女免予執行以『你們要』行文的律法。如何遵行這一點，要依具體的時間而定。譬如，在住棚節期間，應當住在茅篷內或是應當佩帶經卷護符匣的律令，對婦女來說，並非必定要履行。」但是，除了這個例外，《塔木德》中並不承認，在宗教責任上，不同的性別之間有任何差異。

「你在百姓面前所要立的典章是這樣的：在牽涉到《托拉》的一切律法時，《聖經》把男人和女人放在平等的地位。」

就猶太家庭而言，每一個安息日晚上，當全家人一起用餐時，丈夫們都要唱一首讚美妻子的詩歌：「你披著力量和溫柔，你一張開口，就會說出智慧之言。願神祝福你，並保護你的孩子。」——說完，即由妻子點燃蠟燭。

猶太婦女因為終日忙碌，妨礙了她們研習更高深的關於《托拉》的學問。不過，事實上，猶太人認為婦女利用其影響力，讓自己的丈夫和兒子致力於這些學問的獲得，她也應該受到讚揚。

為此，在猶太人中流行一段這樣的話：「婦女如何獲得榮譽呢？通過把兒子送到猶太聖堂去學習《托拉》，把丈夫送到拉比學院去進行研究。」

《創世紀》中的故事，說明了婦女對男人的生活具有何等舉足輕重的作用。

有一位虔誠的男人娶了一位虔誠的女人。因為沒有孩子，他們離婚了。

然後，這男人娶了一個邪惡的女人。這女人使他也成為惡人。

那位虔誠的婦女嫁給一個邪惡的男人，卻使他變成一位正直的人。

因此，在猶太人眼中，一切事物的善惡全取決於女人。在婚姻和愛情生活中，好的女人是男人一所好的學校。

6 幸福婚姻的基礎

由於猶太法律賦予丈夫在家庭中控制財產的絕對權利，先賢特意提醒男人，幸福的婚姻，它的基礎在於愛和仁慈，而不是威嚴。這是因為他們意識到，儘管婦女在法律上受到限制，對於婚姻和家庭生活，她們卻有重大的影響。因此，猶太人普遍認為，婚姻幸福的基礎就在於愛護自己的妻子。

「如果你的妻子矮小，你要彎腰俯首聆聽她的話。」

一個男人若像愛自己那樣愛妻子，比讚美自己更多地讚美妻子，引導兒女走正當的路，在他們長大成人後安排他們結婚，那這個男人的帳篷（家）必充滿安寧。

一個人應該時時注意不要冤枉妻子，因為她愛哭，容易受傷害；一個人必須留心對妻子表達敬意，因為上帝降福給家庭，全都為了她。

從前，有個人的妻子有一隻手畸形。但是，直到她去世時，他才發現。

當地的拉比說：「這女人多麼謙卑啊！她的丈夫竟然從未發現她的殘疾。」希亞拉比則說：「她把手藏起來是很正常的。但是，那個男人多麼謙卑啊！因為他從來沒有檢查過妻子的身體。」

猶太人評論，好嘮叨的女人猶如雨天裡不斷落下的水珠，沒完沒了。沒有什麼比壞妻子更糟糕的了，只有邪惡才能制伏她。一個安靜的丈夫和一個嘮叨挑剔的妻子一起生活，幸福就像老年人欲爬上沙丘那般的困難。

好妻子造就快樂的丈夫，她會使他的生命延長一倍。

堅定的妻子是丈夫的歡樂，因為他將在安寧中度日。

好妻子意味著好生活，她是上帝賜給敬神者的禮物。

妻子的魅力是丈夫的快樂，她會用女性的技巧使她的骨頭長出血肉。女子那青春美麗的容顏就像聖壇上的燈光一樣明亮；她們那健美的腰身和腿就像銀座上的金柱。

反過來說，惡妻是石頭，丈夫是石匠。石匠最熟悉的就是石頭，他可以把石頭雕塑成藝術品，這是丈夫的責任。

7 嫉妒是婚姻的殺手

一般地說，女人生性嫉妒，既嫉妒男人，也嫉妒女人。金錢、吃喝、穿戴，尤其是長相，女人都可能嫉妒。猶太俗語說：「嫉妒是一千隻眼睛。」

猶太社會中流傳著這樣的一個謎題：「拉比，你是無所不知、無所不能的。請告訴我：如果樂園裡的亞當徹底不歸，當他第二天早上回來，夏娃會怎麼做？」

正確的謎底是：「夏娃會算一算亞當的肋骨。」因為夏娃是用亞當的肋骨造成，所以說，如果亞當又缺了一根肋骨，就表示另外有一個女人出現了。

猶太人有句俗語：「戀愛是盲目的，但嫉妒比盲目更糟，因為它連看不到的東西都要看。」——猶太人認為，如果一個人在嫉妒的同時能使腦子保持冷靜、理性，那他實在非常了不起。但是，一般人常常難以做到，尤其是在愛情中。因嫉妒而瘋狂，連骨頭都要腐蝕。一個人只要嫉妒，必如同洪水般地產生大毀滅。

8 理想妻子的標準

依照猶太人的看法，與一個女人結合，這個男人要嘛站起來，要嘛倒下。理想的妻子，正是能讓男人站起來的女人。

阿吉瓦年輕時是耶路撒冷富人卡爾巴·沙烏的牧羊人。卡爾巴美麗端莊的女兒發現這個牧羊人非常高貴，於是對他說：「如果我和你訂婚，你願意去學習《律法書》嗎？」他回答：「是的，我非常願意。」

於是，他們祕密地結了婚。很快，他就到外地去學習《律法書》了。她的父親得知他們的事，把她從家裡趕了出去，發誓說，只要他還有一口氣在，她就休想得到半點家產。

阿吉瓦在外面待了十二年。他回家時，帶回一萬兩千個學生。快到家時，他聽見一個老人對他的妻子說：「這樣的活寡，你還要守多久？」他的妻子回答：「如果他聽我的話，應該在外面再學十二年。」聽到這番話，阿吉瓦就返身回到學院，又學習了十二年。第二次回家時，他帶了二萬四千個學生。得知阿吉瓦即將回家，他的妻子出門迎接。鄰居對她說：「我們借給你衣服穿吧！不要顯得太寒酸。」她拒絕了，走到他面前，埋下頭親吻他的腳。他的學生們想把她推開。阿吉瓦大叫起來：「不要動她。我和你們所獲得的一切都是她給予的。」

拉結的父親卡爾巴·沙烏聽說鎮上來了一個學者，就說：「我要去找他，也許他能幫我解除誓言。」他已經為自己發出那樣的誓言而後悔了。「如果你知道你的女婿是個學者，你還會那樣發誓嗎？」阿吉瓦問他。「就算他只知道一章，甚至一條法律，我也不會那樣發誓。」這時，阿吉瓦拉比才告訴他：「我就是幫你放羊的那個人。我出去學習，都是為了你的女兒。」

卡爾巴聽了，立即匍匐在他的腳前，分了一半財產給他。

9 離婚應該經過三思

儘管決定離婚是私人的事，但應該想盡一切辦法保持婚姻的完整。以下所述，是一個聰明的女人，她用自己的辦法贏回丈夫的心。

一對住在西頓的夫婦結婚已達十年，卻沒有孩子。丈夫為此要求離婚。兩人去見拉比西蒙。堅決反對離婚的拉比試圖說服他們繼續一起生活。但是，那個丈夫心意非常堅定。

「既然你們決定離婚，」拉比對他們說：「你們應該舉行一場聚會，以紀念分手，就像你們舉行婚禮時那樣。」

夫妻倆同意了。

在聚會中，喝了很多酒的丈夫對妻子說：「親愛的，在我們分開以前，看看我們家裡有什麼你認為最寶貴的，你回到你父親那裡住的時候可以帶走。」

丈夫喝醉後睡著了，妻子就讓僕人把丈夫抬到她自己父親的家中，把他放到床上。

半夜裡，丈夫醒過來了。

「我在哪裡？」他叫起來。

「在我父親家裡。」他的妻子回答：「你說我可以帶走任何我認為最寶貴的東西。在這個世界上，沒有什麼比你對我更寶貴。」

丈夫被妻子的愛深深打動了，終於打消離婚的念頭。從此以後，他們幸福地生活在一起。

10 善意的謊言創造寧靜的婚姻

在《創世紀》中，當上帝告訴莎拉，她將要生下一個兒子。她大笑著說：「我現在已經衰老了，我和年老的丈夫還能有床笫之歡嗎？」

上帝又把這件事告訴亞伯拉罕。他這樣說：「為什麼莎拉會笑著說：『像我這麼老的人，還能生孩子嗎？』」

據拉比們說，上帝在向亞伯拉罕轉述的時候，故意改變了莎拉的原話，以免讓他聽到妻子抱怨他年紀大。

拉比這樣教導學生：「為了和平，連神聖的上帝都不惜遮蓋真相，改動原話。因為，創造和平是偉大的。」

另外，有一個拉比梅爾常在禮拜五的晚上布道。

有一個女人非常喜歡他的演講，總是按時參加。一天晚上，他的布道特別長。

這個女人回家的時候，發現家裡黑著燈，丈夫氣沖沖地站在門口。

「你去哪兒了？」他衝她大吼。

「聽拉比講道。」女人回答：

「既然聽拉比講道讓你這麼高興，」丈夫說：「我發誓，除非你往他的眼睛吐口水，否則我不會讓你進到這個家。那是他為了帶給你的快樂所應該得到的回報。」他語中帶刺。並且攔著路，不讓妻子進去，驚惶的妻子只好到鄰居家借住。

這件事傳到梅爾的耳朵裡。他讓人把那個女人請來。拉比假裝眼睛疼痛，問她知道知道治病的辦法。這單純的女人緊張地說：「不知道。」

「往我的眼睛裡吐七次口水，」拉比說：「可能會管用。」

那女人猶豫不決。最後拗不過梅爾一再請求，她只好照辦。

「現在回家去吧！」他對她說：「對你的丈夫說：『你要我吐一次口水，可是我已連吐了七次哩！』」

待那女人回去，學生們向拉比抱怨，說他降低了身分。他斥責道：「任何幫助丈夫和妻子得到和平和幸福的事，都不是可恥的。」

Lesson 08

教育智慧

在猶太傳統中，孩子第一次進學校，老師總是先讓他們將用蜂蜜寫在乾淨石板上的希伯來字母舔乾淨，希望他們知道學習是甜蜜而充滿誘惑的。他們有一條萬古不變的真理：財富可以被帶走，惟有知識和智慧永不流失。

1 擁有知識的人最富有

猶太人在各個領域之所以能夠傲笑江湖、引領風騷，主要在於他們會不斷學習新知的精神，以及探究學問的熱忱。其根基則是：尊重知識，渴望學習，重視教育，崇尚求知。

在猶太人看來，學習知識是人生最重要的課題。

猶太傳統中，孩子們頭一次上課，要穿上新衣，由拉比或有學問的人帶進教室。在那裡，每位孩子都可以得到一塊乾淨的石板，石板上有用蜂蜜寫成的希伯來字母和簡單的《聖經》文句。孩子們一邊誦讀字母，一邊舔掉石板上的蜂蜜。隨後，拉比們會分給他們蛋糕、蘋果和核桃。所有這一切都旨在使他們明白：學習知識，必有甜頭。

從這種正式的風俗儀式上，可以窺見猶太人對學習的態度。

在以色列，曾經有這麼一個人，他的兒子對學習毫無興趣。孩子的老師最後不得不放棄努力，只教他《創世紀》一書。

後來，羅馬帝國大軍攻入他們居住的城市，俘虜了這個男孩，把他囚禁在一個遙遠的城市。

恰好凱撒來到了囚禁這個男孩的城市，並視察了男孩被囚的監獄。凱撒要求看一看監獄中的藏書，發現了一本他不知道怎麼讀的書。

「這可能是一本猶太人的書，」他說：「這裡有人會讀這本書嗎？」

「有。」典獄官答道：「我這就去帶他來見您。」

典獄官把男孩找米，說：「如果你不會讀這本書，國王就會要你的腦袋。你也可以不去，即是死在這兒的監獄裡，總比被國王砍掉腦袋的好。」

「我父親只教我讀過一本書。」男孩答道。

典獄官把男孩從監獄裡提出來，將他弄得乾乾淨淨，才帶到凱撒面前。

皇帝把書擺到男孩面前。他開始讀，從「起初，上帝創造天地」一直讀到「這就是天國的歷史……」

凱撒一直聽到男孩把那本書讀完，才說道：「這顯然是上帝，能夠賜福世人的上帝向我打開他的世界。只是，得把這孩子送回他的父親身邊。」

於是，凱撒送給男孩大筆金銀，並派兩名士兵把他護送回他的父親有邊。

聖人們聽到這個故事後，說：「那孩子的父親只教他讀了惟一的一本書，賜福的上帝就獎賞他了。那麼，想一想，如果一個人不辭辛苦地教他的孩子《聖經》、《密西拿》和《聖徒傳記》，那他得到的獎賞該有多大呀！」

在猶太人看來，沒有任何人是真正貧窮的，除非他缺乏知識。擁有知識的人，就可以擁有一切。

在教導猶太人時，拉比可能會問：「一個人要是沒有知識，那他還能有什麼呢？一個人一旦擁有知識，那他還缺什麼呢？如果一個人不去學習，因而缺乏知識，那他還能擁有什麼呢？」

2 知識是敵人無法掠奪之物

一個人的知識越多，懂得越多，就越可能產生疑惑，越覺得自己無知。然而，心生疑惑，正是學習的鑰匙，只以開啟智慧的大門。求知的欲望是不懈地學習、探求的動力，心生疑惑，可以讓自己不斷進步。

《塔木德》說：「好的問題，常會引出好的答案。」好的發問和好的答案同樣重要。問題提得出人意料，得到的答案也常常無比深刻。缺乏好奇心的人，不會心生疑惑。思考是由疑惑和答案共同組成。所以，智者其實就是懂得在何時質疑的人。

一個人沒有理由對什麼事都確信無疑。疑惑一旦成形，疑點便愈來愈多。循著可疑的線索去追尋答案，可以在解答之路上得到很多。但過分思考容易使行動遲緩，而心存猶豫又非常危險。人必須在最適當的時候痛下決斷，否則會坐失良機。

只有適時而大膽地行動，才能掌握勝利；臨陣躊躇不決，必喪失戰機。

人不能為學習而學習。學習是讓自己的內在豐富，讓自己變得靈活、機智，善於洞見。在這個世界上，相同的事絕對不會重複出現。因此，當面臨一種新的狀況時，誰也不能把以前所學的東西原封不動地運用上去。

學習到的東西可以帶給人知性的感覺。學習正是為了錘煉知性，使知性更加敏銳。敏銳的知性可以抓住瞬間的機會，預見未來的趨勢，洞悉細微處的微妙變化，把握宏觀而抽象的東西。學習的目的便是培養這種洞若觀火的洞察力。

學習一定要學到學識淵博，始能融會貫通。

猶太人說：「深井的水提不完，淺井的水一提就乾。」

金銀財寶總有一天會用光，知識卻永遠與人同在。

3 智慧能打開人生幸福之門

知識可以轉化為財富，但需要具備將知識轉化為財富的能力。當然，知識本身就是一筆財富。但猶太人看重的是如何將知識化為實實在在的物質財富。能做到這一點，知識就成為人的知性與智慧。智慧是打開幸福和財富之門的金鑰匙。

知性並不是指知識。知性是以知識為基礎，進而又完善知識，提升以心性能力為目的所構建起來的精神大廈。

猶太母親常常問孩子一個謎題：「假如有一天，你的房子被燒毀，財產被搶光，你會帶著什麼東西逃跑？」

這個問題滿蘊著猶太人悲慘的血淚史。

大多數孩子回答的是「錢」或「鑽石」。

母親進一步問：「有一種沒有形狀、顏色、氣味的東西，你知道是什麼嗎？」

孩子們回答不出來。

母親說：「孩子們，你們應該帶走的東西不是錢，也不是鑽石，而是智慧。因為智慧是任何人搶不走的。只要你還活著，智慧就會永遠跟隨你，無論逃到什麼地方，你都不會失去它。」

——從這則故事，可知猶太人對智慧的重視程度。

在猶太社會中，幾乎每個人都認為智者遠比國王偉大，智者才是猶太人尊敬的中心。因為，智者若死了，世上就會失去大智慧；而國王死了，任何一個智者的弟子都可以勝任這出缺的大位。

猶太人如此看重智慧，所以，他們又把僅有知識而沒有智慧的人，比喻為「背著很多書本的驢子」——這種驢子很難派上大用場。

知識是為磨煉智慧而存在。假如只是收集很多知識而不消化，就等於徒然堆積許多書本而不用。兩者都是一種浪費。

猶太人也蔑視一般的學習。他們認為，一般的學習只是一味模仿，而沒有任何創新。實際上，學習應該是：懷疑，思考，提高知性能力的過程。

4 人生須要不斷地學習

在猶太人看來，一個人不管到了多大歲數，也不論他有多麼貧窮，只要他是人，就應該學習。因為，人可以透過學習保持「青春」，保持年輕人的心態，還可以通過學習獲得「財富」，取得精神上的富足。

一個拉比說：「如果一個人到了天國裁判所，說：『我太窮了，終日為果腹奔波，沒有時間學習。』他會被問及這樣一個問題：『你比希萊爾還窮嗎？』」

年輕時的希萊爾是一個窮人，他每天都辛苦地幹活，卻只掙到半個第納爾。他用收入的一半支付給學院的門衛，剩下的一半留作家用。

一天，正好是安息日前夜，他沒有掙到錢。為此，學院的門衛不讓他進去。在學習知識的渴望驅使下，他爬到教室的房頂，把頭緊緊貼在冰冷的屋頂上，透過玻璃，屏息傾聽智者施瑪和阿弗塔揚講課。這時候，大雪飛揚，不一會兒就將他覆蓋起來。但他聽得非常入迷，終夜沒有挪動一下位置。

第二天清晨，施瑪對阿弗塔揚說：「兄弟，這屋子每天都很亮，今天卻有些暗，外面是不是陰天了？」

他們抬頭往上看，發現屋頂有一個人型物體。於是，他們爬到房頂，發現了被大雪覆蓋，幾乎凍死的希萊爾。他們把他背下來，給他洗澡並塗油，然後讓他坐到火爐旁邊。

兩位聖人說：「這個人褻瀆安息目的行為是值得的，上帝保佑他。」

只要活著，猶太人總是不停歇地學習。對猶太人來說，學習是一種神聖的使命。猶太人認為，到達天國之前，人必須不斷學習；即使是一位最偉大的拉比也不例外。學問的追求永無止境。猶太人一向秉持著這樣一種觀念：肯學習的人比知識豐富的人更偉大。

缺少智慧的頭腦，猶如沒有蠟燭的燈籠。

一個人不會因為隨身攜帶書本而變得聰明。

一個有教養的人，需要三代才能培養出來

5 有學問的人最受人尊敬

猶太民族非常尊敬師長。在希伯來語中，山稱作「哈里姆」。雙親讀作「赫里姆」，教師為「奧里姆」，三個發音非常相似。猶太人一向認為，雙親和教師都像是巍峨的高山，比普通人高出許多。

拉夫曾到一個城鎮，命令那裡的人以齋戒、祈禱求雨。雨卻沒有下。

於是，聚集起來的誦經師走到藏經龕前，大聲念誦祈禱書上的話：「上帝讓風吹。」語音未落，風立即吹了起來。

誦經師接著念道：「上帝讓雨降下。」頃刻間，大雨便下了起來。

拉夫問誦經師：「你做了什麼特殊的事蹟，竟得到如此豐厚的獎勵？」

誦經師答道：「我教育孩子們，對窮人的孩子和富人的孩子一視同仁。對於交不起學費的人，我從不收費。而且，我有一個魚塘，如果有孩子不想學習了，我就給他幾條魚，再把魚從他那裡贏過來。這樣，他不久就變得好學了。」

因為師德崇高，也因為上帝經常獎賞有知識的人，所以猶太人無比崇敬師長。

拉瓦說：「如果你有一個勝任的老師，而另一個老師的能力更強，你也不能把第一個老師趕走，去跟第二個老師學習。因為如果那樣做，第二個老師就會因缺乏競爭而變得懶惰。」

拉夫迪米卻說：「如果第二個老師被任命，他會更勤勉。因為諺語說：『抄寫員中的嫉妒會增進智慧。』」這話指的是，他將努力工作，以便勝人一籌。

拉瓦進一步說：「如果有兩個老師，一個教課快，但有錯誤，另一個教課慢而沒有錯誤。那我們應當任命教課快的那一個，因為錯誤隨著時間會自我修正。」拉夫迪米不同意這種看法。他說：「我們必須任命講課雖慢卻不出錯的那一個，因為一旦一種錯誤扎根於學生的心田，就永遠不能根除。」

一個孩子可以從一個老師面前轉到另一個在閱讀和語法上更有能力的老師面前，但必須滿足一個條件：老師和學生住在同一個城鎮，並且沒有被河流阻擋。因此，決不能把孩子送到另一個城鎮的學校，甚至不能把孩子送到同一個城鎮中隔一條河的學校，除非河上有堅固且不可能倒塌的橋。

6 做學問如篩麵粉

人不完整地存在於世界；或是說，尚未完整。猶太人指出：因為人類並不完整，所以必須負起繼續從事創造行為這項義務。

在猶太學校，很多人朗誦《猶太法典》，像是在歌唱一般，也許聽到的人會認為他們是在祈禱。但是，這就大錯特錯了。他們此刻正沉浸於思索知性的深淵中，充分享受著宗教的甜美滋味。

就猶太人而言，學習《猶太法典》時，最應當鼓勵的精神就是不被「權威」這個字眼所麻痺。每個人都應該依照自己的獨特方式去了解、去咀嚼，並且加上自己的解釋。

簡單地說，一個學生縱然能將《猶太法典》的原文一字不漏地背得滾瓜爛熟，還不能算是「特殊」的學生，除非他已經能融會貫通，使它變成自己的知識。

在猶太人眼中，求取學問並非只是一種學習，它還是以本身所學為基礎，自行創造出新東西的一段過程；學習的目的，不在於培養另一個教師，也不是人的拷貝，而在於創造一個新的人。世界之所以進步，原因就在這裡。

依猶太人之所見，學生有四種：海綿、漏斗、過濾器、篩子。海綿把一切都吸收了；漏斗是這邊耳朵進，那邊耳朵出；過濾器把美酒濾過，留下渣滓；篩子把糠秕拋在外面，留下優質麵粉。

猶太人倡導，學習知識，應該去做像篩子一樣的人。

7 因材施教的靈活教育

猶太人很講究教育的藝術。他們有一句至理名言——

「要按孩子該走的路，充分訓練他。」

猶太人指出，一個孩子在學習《聖經》上得到進步，而在學習《塔木德》時沒有進步，那就不能試圖通過教他《塔木德》，推動他進步。如果他看得懂《塔木德》，就不要逼他學習《聖經》。要在他能夠領會的事情上訓練他。

在教育孩子時，依拉比們的看法，如果老師教的課，學生不理解，那麼，老師也不應該大發脾氣或對學生發火，而應該反覆講解同一種課程，直到全體學生完全理解並掌握為止。

在學習的過程中，某些學生很可能必須聽了好幾遍之後，才能掌握所學的知識。這些學生沒有必要在那些只聽一兩遍課就能掌握的同學面前感到羞愧。這些學生的不理解，或是因為課程本身就難，或是由於他們的智力不足。

不過，如果學生在學習時粗心大意或懶怠投入，那老師就應該斥責他們，甚至羞辱他們，由此而激勵他們。這就是老師的責任。

老師不應強行給孩子們上重軛，因為指令只有在輕鬆愉悅地傳達時才能產生效率。要給孩子們小小的獎勵，讓他們高興。

一個專心的學生會自己閱讀、自己學習。如果一個學生不專心，那就把他安排在一個勤奮的學生旁邊。

一個老師應該在他的學生面前露出「破綻」，好讓他通過提問，激發他的才智，並探知他是否記住了自己所教的東西。

為了在教學中讓孩子認真聽講，教師可以用一些令人吃驚的話題，來引起他們注意，使他們振奮，以保持警惕。

猶太拉比主張，教育學生時，要常常提醒他們把左手放開，而卻要將右手緊緊抓住。不能讓學生的雙手都放開了。

8 最好的投資是教育

梅爾夫人曾說：「對教育的投資是最有遠見的投資。」

夏扎爾也說：「教育是創造以色列新民族的希望之所在。」

伊扎克・納馮說得更直截了當：「教育上的投資就是經濟上的投資。」

以色列歷屆領導人一直把培養高質量的人才看作一個關係到民族生存與否的根本問題。教育立國、科技立國是以色列從成立之日起就一直追求的目標。他們看出來，如果不培養高質量的人才，建立一個模範社會，以色列在戰場上必然處於軍事劣勢，在國際上就得不到尊重，也無法吸引更多的猶太人前來定居。這樣一來，以色列就無法生存下去。

以色列建國之後，始終把教育放在優先地位。

一九四九年，以色列頒布了《義務教育法》。它是這個國家最早制定的幾個法律文件之一。一九五三年，頒布了《國家教育法》，一九六九年，頒布了《學校審查法》……等等。這一系列法律的制定，確立了教育的地位，形成了具有以色列特色的教育制度。

以色列是個移民國家，來自四面八方的移民把世界各地的文化帶來，其中既有東方文化，又有西方文化，既有傳統農業文化，也有現代工業文化。以色列所創立的教育制度，其目的之一就是填平這些不同文化的差距。為此，《國家教育法》明確規定：「以色列推展教育的目的，一方面是讓學生學習知識和技能，以適應國家發展的要求，另一方面是促進來自世界各地的猶太人之間的融合，消除他們之間的文化差別，以形成一種新的猶太國民文化。」

以色列在教育方面投入很高的經費。從二十世紀七〇年代始，其教育經費始終高於全國國民生產總值的八％。最高的一九七九～一九八〇年度，竟達八．八％。這樣高的教育投資，在世界上亦屬罕見。

正是因為獲得較高的教育投資，以色列的教育才立下迅速發展的堅實基礎。高昂的教育投資，使以色列的教育結出了纍纍果實。

以色列的人口只有五百多萬，在校人數卻達到一三八萬人之多。還有很多成年人參加各種形式的學習。在以色列人中，有三分之一是學生。也就是說，每三個人中就有一個學生。從大學生人數來看，以色列總人口與大學生的比例僅低於美國和加拿大，比歐洲的一些國家都高。

以色列的大學是世所公認的一流大學。凡是到過以色列的人，必去「觀覽」以色列的大學。到過這些大學的人，無不為其校園之優美、建築之宏偉、設備之先進和藏書之豐富而讚嘆不已。

以色列各家大學有許多研究成果被國際學術界承認為權威性項目。以色列每四千五百人中就有一名教授或副教授。由於國內容納不了這麼多專家、學者，以色列已開始「輸出」人才，不少人才外流，特別是流向美國。

發達的教育和優良的人才素質終於使「彈丸之國」以色列成為一股不可忽視的政治力量和國際力量。

9 將知識活化起來

在世界的各個領域，隨處可見猶太人卓越不凡的身影。他們之所以如此傑出，主要源自猶太民族獨特的大智慧，而這些智慧源自學習、觀察和思考。知識是為了磨煉智慧而存在，學習是磨煉人的心性和思維。一個人只有不斷學習，才可能處於一種不斷更新完善的狀態。

猶太人視學習為義務，視教育如敬神。知識源於實踐和經驗。但個人由於受時空和自身的限制，不可能什麼都自己去實踐、去經歷，更多的是來自別人既有的經驗。書本無疑是知識的主要載體。它是新知識、新技術和新信息的倉庫；它豐富了頭腦，也啟迪了思維。因此，閱讀是拾取智慧的第一條件。

在一個多變的世界，任何固步自封、因循守舊、缺乏遠見和不求上進的表現，都是走向失敗的前奏。

猶太人不但敦促自己不斷學習，更要求別人也要學習，特別是竭力培養後代的學習精神，讓他們成為文化素質高，懂知識，樂於學習和進步的新一代。

知識若只是躺在那裡，就是「死」的東西。只有將它用來觀察世界，分析問題時，它才能「活」起來；通過人的感觀、思維與實際運作等連結之後，它的價值才得以體現。所以，觀察是學會運用知識的重要步驟。

要運用知識就必須學會思考，有了思考的知識才是活的知識。

所謂「思考」，不單是指對知識的理解、反思，更是指對環境、變化的一種反應。人每天都在經歷著變化，也在耳聞目睹種種變動，可是，很少有人可以洞悉到變化的規律，預見到變化的趨勢。

應該說，學會思考是智慧的最高境界。它必須在知識已被理解、掌握而融會貫通，舉一反三的基礎上，並輔以敏銳的直覺力、開闊的視野和胸懷，才可能達到。

華爾街的金融巨子約翰．摩根正是那種善於把握變化趨勢，具有非凡之洞見力和遠見卓識的少數人之一。

一八七一年，普法戰爭以法國戰敗而告終，法國由此陷入一片混亂。它必須賠償德國五十億法郎的巨款，又得盡快恢復經濟。這一切都需要錢。法國當時的政府若要維持下去，就必須發行二．五億法郎的國債。

面對如此巨額的國債，再加上變數頗多的法國政治環境，法國的羅斯柴爾德男爵和英國的哈利男爵（他們分別是兩國的銀行巨頭）不敢接下這筆巨債的發行任務。其它小銀行就更不敢了。對風險太高的投資，誰也不敢昂藏而入。

這時，摩根敏銳地感覺到：當前的環境，政府不想垮台，就必須發行國債，而這些債務將成為投資銀行、證券交易的重頭戲。誰掌握了它，誰就可以在未來稱雄。但是，誰又敢冒這個險？他設想：或許能將華爾街原本各行其是的各大銀行聯合起來？把華爾街的所有大銀行聯合起來，形成一個規模宏大，資財雄厚的國債承購組織——「辛迪加」，這樣就把需由一個金融機構承擔的風險分攤到眾多金融組織頭上，無論是其數額，還是所冒的風險，都可以被消化。

摩根這套想法從根本上開始動搖華爾街的規範與傳統。事實上，它還是對當時的倫敦金融中心和世界所有的交易所投資銀行之傳統的背離與動搖。

當時的金融界，流行的規則與傳統是：誰有機會，誰獨吞；自己吞不下去，也不讓別人染指。各金融機構之間，信息阻隔，相互猜忌，互相敵視。即使迫於形勢而聯合起來，為了自己的最大獲利，這種聯合也像六月的天氣，說變就變。各個投資商見錢眼開，為一己之私利，不擇手段，不顧信譽，爾虞我詐。鬧得整個金融界人人自危，提心吊膽，各國經濟烏煙瘴氣。當時人們稱這種經營叫「海盜經營」。

而摩根的想法正是針對這一弊端。各家金融機構聯合起來，成為一個信息相互溝通、相互協調的穩定整體。對內，經營利益均霑；對外，以強大的財力為後盾，建立可靠的信譽。摩根堅信自己的想法是對的。但他憑著自己過人的膽略和遠見卓識，也看到：一場暴風雨是不可避免的。

正如摩根的料想，他的想法像一顆重磅炸彈，在華爾街乃至世界金融界激起了軒然大波。人們說他「膽大包天」，是「金融界的瘋子」。但他不為所動，相信自己的判斷沒有錯。他在靜默中等待著機會的來臨。

後來的發展，證明了他確實具有天才的洞察力。華爾街的辛迪加成立了，法國的國債也消化了。摩根改變了以前海盜式的經營模式，後來又積極向銀行托拉斯轉變。從此，華爾街從投機者的樂園變成了美國經濟的中樞神經，而摩根及其龐大的家族也成了美國最大的財團之一。

摩根的勝利，揭示了拾取智慧的真理——學習、觀察和思考。

10 孜孜不倦的求知精神

猶太民族將知識視為他們一輩子真正能夠自己掌握的財富。他們具有宗教般虔誠的求知精神，讓猶太民族耀眼於世界各個領域。不管是科技界、思想界、文化界、政界還是商界，他們均風騷獨領。

猶太人求知精神的基點在於他們對知識擁有深刻且相當實際的認識——知識就是財富。由此便產生了對知識這種財富近似貪婪的欲望。

猶太人四處流浪，沒有家園，居無定所，得不到生存和發展的權利保障。他們所到之處，惟一的支撐就是自己腦中的知識。他們靠知識創造財富，繼而以財富、金錢，為自己爭得一條生路，一方生存發展的空間。物質財富隨時都可能被偷走，知識則永遠在身邊，智慧永遠相伴。有智慧、有知識，就不怕沒有財富。這正是猶太人流浪數千年，依然生生不息的原因所在。

猶太人在流散四方的過程中或移居新的居住地後，之所以能迅速找到那些他們具有競爭優勢的位置，從而站穩腳跟，恢復元氣，進而興旺發達起來，智慧起到了至關重要的作用。

在猶太教中，勤奮好學不只是僅次於敬神的一種美德，而且是敬神本身的一個組成部分。這種宗教般虔誠的求知精神在商業文化中的滲透，內化為猶太人孜孜不倦、探索求實、銳意進取的創新意識。他們孜孜以求地在知識海洋中積累的豐富知識，又對形成猶太人所特有的行事謀略與智慧發揮了文化滋養的作用。

可以設想，一個目不識丁或知識缺乏的人，在世界舞台上根本不可能掌握運籌帷幄的演出智慧。

11 學校比教堂重要

從猶太人對教育的重視和對教師的敬重，任何人都不難想像出教育的場所——學校，在猶太人的日常生活中具有何等地位。

一九一九年，猶太人同阿拉伯人的衝突正日趨激烈，耶路撒冷的希伯來大學便在前線隆隆的炮火聲中奠基開工。此後，連綿不絕，愈演愈烈的衝突，並未能阻止這所大學在一九二五年建成並投入使用。

猶太人之所以特別重視學校的建設，除了他們具有那種「以知識為財富」的價值取向之外，更高層次上，還因為在他們看來，學校無異於一口保持猶太民族生命之泉的活井。

《塔木德》中記載的三位偉大的拉比之一，約哈南拉比就強調：「學校在，猶太民族就在。」

公元七〇年前後，佔領猶太國的羅馬人肆意破壞猶太教堂，圖謀滅絕猶太人。面對猶太民族的空前浩劫，約哈南殫精竭慮，想出一個方案，但必須親自去見包圍著耶路撒冷的羅馬軍隊統帥韋斯帕先。

約哈南拉比假裝病重將死，才得以被抬出城（死人不能放在城內的）見到羅馬軍的司令官。他看著韋斯帕先，沉著地說：「我對閣下和皇帝懷著同樣的敬意。」

韋斯帕先一聽此話，認為他侮辱了皇帝，做出要懲罰他的樣子。

約哈南卻以肯定的語氣說：「閣下必定會成為下一位羅馬皇帝。」

將軍終於明白了拉比的話中之意，很高興地問他此來有何請求。

「我只有一個願望，請您給我一個能容納大約十個拉比的學校。」

韋斯帕先說：「讓我考慮考慮。」

不久，羅馬皇帝死了。韋斯帕先繼位。後來，在耶路撒冷城破之日，他果然向士兵發布了一條命令：「給猶太人留下一所學校！」

學校留下了，學校裡的幾十個老年智者極力維護猶太的知識、傳統。戰爭結束後，猶太人的生活模式也由於這所學校而得以繼續保存下來。

約哈南拉比以保留學校這個猶太民族成員的塑造機構和猶太文化的複製機制為

根本著眼點，無疑是一項極富歷史感的遠見卓識。

一方面，猶太民族在異族統治者眼裡，大多不是當作地理政治上的因素考慮，而是把他們視為文化上吞併的對象。小小的猶太民族之所以敢於反抗世界帝國羅馬而起義，其直接起因並不是著眼於民族的政治統治，而是針對異族文化的統治，亦即異族的文化支配和主宰：羅馬人褻瀆聖殿的殘暴之舉。

另一方面，猶太人區別於其他民族，首先不是在先天的種族特徵上，而是在後天的文化內涵上。在猶太人這個名稱下，包含了白人、黑人和黃種人。至今，作為猶太教國家的以色列，向一切皈依猶太教的人敞開大門。因為在他們眼中，一個人一旦接受猶太教，就成為一個正統的猶太人。

為了達到這一文化上的目的，猶太人長期追求的，不僅僅是保留一所學校，而是力圖把整個猶太生活的傳統和猶太文化的精髓保留下來。從猶太民族兩千多年來持之以恆，極少變易的民族節日，到甘願被幽閉於「隔都」之內以保持最大的文化自由度，再到復活希伯來語，所有這一切，都典型地反映出猶太民族這種獨特的追求，和這種獨特的追求中所生成的獨特智慧。

12 站在孩子的高度

從前有一個國王，他的兒子幻想著自己是土耳其人。這王子認為自己應當赤裸著蹲在餐桌下面，撿飯渣吃。

焦急的國王請遍了國內的所有醫生，沒有一個能幫助他的兒子。

一天，有個智者來到國王面前，主動要求幫助這個孩子。

這個人脫光衣服，和國王的兒子一起蹲在餐桌下面。

男孩問他為什麼蹲在桌子下面。

智者回答：「因為我是一個土耳其人。」

「我也是一個土耳其人。」國王的兒子說。

就這樣，兩個人光著身子，在餐桌下面蹲了幾天，彼此逐漸熟識起來。

有一天，智者讓人扔幾件襯衫下來。

「你是不是覺得，土耳其人不能穿襯衫？」他問男孩，隨即自做回答：「土耳其人當然能穿襯衫。一個土耳其人，不能根據其是否穿襯衫做出判斷。」

幾天後，智者讓人扔幾條褲子下來。

「你是不是認為，穿褲子的人不是土耳其人？」他問男孩。

於是，兩個人都穿上了褲子。

智者繼續這麼做，直到兩人都穿得整整齊齊。

然後，他讓人放些食物在餐桌上。

「你是否覺得，」他問男孩：「吃了好東西就不算土耳其人？你當然還是土耳其人，可以吃好東西。」所以，他們一起吃起來。

最後，智者說：「你認為一個土耳其人必須整天坐在桌子下面嗎？你知道，坐在餐桌旁仍是一個土耳其人，這是完全可能的。」

這就是那個智者如何一步一步地把男孩帶回到現實世界的故事。

理解這個故事，可以有很多種角度，但最容易說明的是，如何與生活在夢幻世界的孩子溝通——站在孩子有高度，向孩子敞開心扉。

Lesson 09

信仰智慧

猶太人像空氣一樣，遍布於世界每個角落。雖然他們的體態和容貌各不相同，卻有一個共同的心靈家園，並用他們的信仰譜寫出不朽的傳奇。那一幅幅活生生的畫面，那高度的民族認同感，令世人為之深思與驚訝。

1 建立惟一的信仰

猶太人先民希伯來人在未進入迦南地區之前，曾經歷過自然崇拜、祖先崇拜和多神信仰的早期原始宗教階段。

對於以遊牧為主的亞伯蘭部落來說，自然界對他們最大的威脅是乾旱少雨。沒有水，牲畜無法存活，人也不能維繫生命。可是，沙漠裡沒有河流，沒有湖泊，也沒有出水的源頭。人們只好把期待的目光投向蒼天。只要有雨水，人們就可以儲存備用，牧草就能發芽生長，牛羊也不致被餓死渴壞。在這種背景下，雨神便成了古猶太人頂禮膜拜的對象。他的名字叫耶和華。猶太人不敢直呼耶和華的名字，而稱它「阿特乃」，意思是「我的主」。直到今天，猶太人仍這樣稱呼。

儘管耶和華很快成了古猶太人的精神支柱，但並非他們惟一敬拜的神。同其他原始部落一樣，古猶太人也崇拜岩石、山巒、樹木、月亮與牲畜，特別是牛。

雖然希伯來人在迦南過上了安寧的生活，但他們又面臨著另一個重大的威脅：被經濟與文化遠比自己先進的迦南人同化。希伯來人的部落酋長亞伯蘭敏銳地意識到這個問題。為此，他把眼光投向耶和華，尋求這個雨神幫助。在亞伯蘭眼中，耶和華並不是一位從屬於自然的天神或地祇，而是天與地的創造者。

他從自己的神祕體驗和內心感應中意識到他的部落之所以能逃離烏爾城的劫難，是得自上帝的眷顧。他越來越堅信，自己被上帝特意保留下來，將成為一個把上帝的意旨帶給全世界的新民族開創者，而迦南正是他將要完成上帝賦予他這項使命的土地。因為迦南南接西奈半島、埃及，北臨腓尼基、敘利亞，西靠地中海，東距兩河流域不遠，是古代世界的貿易之路所必經的十字路口，可以將上帝的信仰傳向西方；迦南又是一片四面為群山環抱的谷地，在這裡可以安靜地敬拜上帝。

當亞伯蘭率眾來到耶路撒冷城北數十里的示劍，耶和華向他顯現，宣稱：「我要把這塊土地賜給你的後裔。」

亞伯蘭一族最後定居在希伯倫。耶和華再次向他宣稱：「從你所在的地方，你舉目向東南西北方觀看，凡你所看見的一切地方，我都要賜給你和你的後裔，直到永遠。我也要使你的後裔如同地上的沙那樣多。人若能數清地上的沙，才能數清你的後裔。你起來，縱橫走遍這塊土地，因為我已把它賜給你。」

從此，在猶太人心中，迦南即是上帝應許給他們的土地。

亞伯蘭活到99歲時，耶和華對他說：「我與你立約，你要做多國之父。從此，你的名字不再叫亞伯蘭，要叫亞伯拉罕，因為我已立你為多國之父。我要與你並你世世代代的後裔樹立我的約，做永遠的約，是要做你和你後裔的神。你和你的後裔必須世世代代遵守我的約……你們世世代代的子孫生下來第八日，都要接受割禮……我的約就立在你們的肉身上，做為永遠的約。但不受割禮的男子，必從中剪除，因他背了我的約。」

在猶太人的歷史中，上帝耶和華同亞伯拉罕所訂立的這個契約非常重要。它表明，亞伯拉罕從此將成為一個被上帝揀選出來為宇宙服務之民族的創造者。

強化這一契約的割禮儀式有兩重含義：一是作為一個被上帝揀選之民族的聖化標誌，二是加強了這個民族的宇宙因素。

這個契約成為自稱「契約民族」的猶太人形成其特性的開端。

亞伯拉罕建立起來的惟一神信仰，不僅把猶太人統一起來，而且為猶太民族的逐漸發展，不斷向外蔓延奠定了基礎。

2 聚攏民族靈魂的聖殿

雖然所羅門並不像他的父親大衛王那樣，是一位身經百戰的軍事統帥，但他也不缺乏軍事知識，是一個文韜武略的王者。為維護國內的專制統治，防止外來勢力入侵，他十分重視國防建設。

一方面，他增強京城耶路撒冷的城防設施，並在其四面八方的各個戰略要地，諸如通向紅海商路的咽喉塔馬爾、扼守耶路撒冷的南面要塞哈蘭等城市，構築堅固的防禦工事；另一方面，為加強軍隊的戰鬥力和機動性，他大力發展騎兵，製造戰車。當時，整個王國軍隊有騎兵一萬二千人，良馬四萬匹，戰車一千四百輛。所羅門建立了一支龐大的常備軍，分布在各個戰略要地。這是他統治下出現「太平盛世」的重要原因。在他統治時期，希伯來王國幾乎沒有遭到任何外敵侵擾。

所羅門是一位才華出眾的君主，十分重視與周邊鄰國建立和睦關係，並積極開展互惠互利的貿易活動。公元前十世紀，希伯來王國西面的埃及淪於異族統治，國勢日衰；東南的美索不達米亞也分裂成許多國家，弱小無力。由此，希伯來王國成為當時西亞、北非最強大的君主專制國家。

為給王國的經濟發展創造一個良好安定的國際環境，所羅門通過聯姻結親、簽訂商約等手段，同周邊國家和藩屬埃及、推羅、西頓、赫梯、亞蘭、示巴，以及東西諸小邦建立了睦鄰友好關係。所羅門娶了埃及第廿一王朝的一位公主，從而得到了公主陪嫁的基色這座通往地中海的重要城邑。位於王國北部的尚海城邦推羅，則是王國一個最重要的友邦。所羅門與推羅的希蘭一世訂立了和約。所羅門登基時，希蘭一世曾派遣使者前來祝賀。兩國還進行互惠貿易：推羅向希伯來王國輸出木材、黃金，希伯來王國則以小麥和橄欖油交換。那時四方鄰國、屬邦每年都遣使攜帶各類金銀服飾、土產特產前來耶路撒冷朝貢。

在此之前，希伯來王國以農業立國，很少涉足貿易領域。所羅門即位後，極其重視國際貿易。《舊約聖經》中提到，猶太人本不擅長於造船航海，但從腓尼基人那裡得到幫助，所羅門王也派人在紅海邊的以旬迦別製造船隻，並派人前往俄斐，以貨物換取所需的黃金和檀香木。所羅門王還與示巴女王建立良好的外交關係，並藉此打開海外的貿易市場。猶太人從俄斐運回黃金、檀香樂、寶石，同時將迦南的物產大量出口。由此，「所羅門每年所得的金子共有六六六他連得。」

（他連得：希伯來用來顯示重量和金錢最大的單位。）

雖然所羅門的生活極為驕奢淫逸，但他並未忘記耶和華。他用了七年時間，為耶和華在首都耶路撒冷建造了一座極為雄偉壯麗的聖殿。聖殿坐落於耶路撒冷的錫安山上，坐西朝東，呈長方形。聖殿的中心是「至聖所」，一個正方形的小房間。約櫃就放在聖殿最裡層的聖堂中。公元前九二五年，聖殿竣工。這一年的住棚節，所羅門舉行了隆重的慶祝儀式。在典禮儀式上，他向上帝稟告：「現在我為你興建了殿宇，作為你永久的居所。」並親自帶領民眾步行前往錫安山的基列耶琳迎取約櫃。這個外形普通的木匣伴隨猶太人漂泊了近六百年，裡面珍藏著當年耶和華在西奈山頂與摩西訂約的「十誡」石板。

聖殿的建成，轟動了四鄰各國，前來聖殿觀覲者絡繹不絕。耶路撒冷成了人人嚮往的聖地，猶太之王聲名遠揚。藉此，猶太不但得以廣泛傳播，猶太民族的精神也得到空前的提高。此時，耶路撒冷聖殿已不僅僅是一座建築，更是透過時空，凝聚猶太民族靈魂的標誌。

3 獨特的民族信仰

古希伯來王國的三代君王（掃羅、大衛、所羅門）都來自南部的猶太和便雅憫兩個部落。相對而言，住在北部的其他十個部落之間卻是互相猜忌和怨恨。

所羅門死後，他的兒子羅波安繼承了王位。

羅波安如何處理這個棘手的問題呢？

羅波安是一位奢侈好色、嫉賢妒能、嗜聽讒言的無能之君，手下的臣僕大多詭計多端。在他的領導下，希伯來王國的國力由盛而衰。面對人民日益不滿的呼聲，羅波安不僅不緩和矛盾，滿足人民的要求，反而侮辱斥責他們：

「我父親給了你們沉重的負擔，很好，我身為新國王，打算給你們更重的負擔；我父親用鞭子抽你們，我將用帶刺的鞭子抽你們。」

矛盾日益激化。最後，北方十個部落拒絕承認羅波安，另外推舉了新國王，定都於撒馬利亞，稱為以色列王國。南方的猶太部落和便雅憫部落則仍然效忠於羅波安，稱他為猶太王，首都仍為耶路撒冷。

公元前九三〇年，統一了一百多年的猶太人國家從此一分為二。

公元前八世紀，兩河流域的亞述人強大起來，改變了西亞地區的形勢。亞述首先迫使以色列稱臣納貢，繼而於公元前七二〇年攻陷撒馬利亞，希伯來十個部落的人民，由此無聲無息地從歷史上消失了。從此，他們被稱為「失蹤的以色列十個部落」——這至今是一個困擾後人的千古之謎。猶太王國雖繼續維持了一百多年，卻也不比以色列強多少。猶太王國的續存是以向亞述納貢稱臣為代價換來的。

然而，猶太王國的這種狀況並沒有能夠長期存續。

公元前六〇五年，亞述被新巴比倫所滅。新巴比倫國王尼布甲尼撒二世與埃及法老尼科爭奪巴勒斯坦。尼布甲尼撒二世圍攻耶路撒冷十八個月，於公元前五八六年攻陷此城。聖殿遭洗劫，耶路撒冷成為一片廢墟。猶太王國的國王、祭司、貴族和工匠數萬人被俘，押往巴比倫。

猶太人以俘虜之身，被押往巴比倫，史稱「巴比倫之囚」。

在這次大流散的歷程中，他們又一次被迫離開自己的家園，向東、向西、向南、向北……成為他鄉不受歡迎的外來客。

幸運的是，與那些被異族同化的北方十個部落不同，流放到巴比倫的猶太人並沒有被強制分開，而是聚集在一起，而且保留了本民族的傳統信仰和習俗。他們又漸漸形成了穩定的猶太移民區。此後，「猶太人」就成為整個猶太民族的通稱。

最初，由於亡國之民的淒苦生活，猶太人對巴比倫懷著強烈的仇恨情緒。《聖經．詩篇》就吟出了這樣的詩句——

巴比倫的兒女們，
我們要祝福那些，
像你們對待我們那樣報復你們的人，
把你們的孩子摔在石崖上的人！

公元前五三八年，新巴比倫王國為新興的波斯帝國所滅。其後，猶太人的生活狀況再度發生了改變。波斯帝國的統治者居魯士發現猶太民族的神教思想很適合帝國鞏固統治的需要。同時，由於猶太民族十分注重教育，猶太人的文化素養普遍較高，他們所掌握的知識對帝國來說，也是一種精神財富。因此，居魯士對猶太人採取了借重的政策。於是，猶太人以自身民族和宗教保存的優勢，使自己處於一種較為寬鬆的環境之中。

在波斯王統治下，儘管物質生活頗為安逸，精神生活卻出現了危機。在這個充滿誘惑的環境對。猶太人要保持自己的民族性並不容易。此時，先知們又出現了，他們將猶太民族從精神崩潰的邊緣中拯救出來。

這個時期，在猶太民族的發展史上佔居特殊的地位。猶太民族流亡數千年，如此頑強地維護了自身民族的特性，並從中汲取力量，重新站起來。散居異鄉而能忠於自己的民族，這是一種非凡的力量，為猶太民族所獨具。這也正是猶太民族無與倫比之處。

居魯士允許希伯來人返回巴勒斯坦，並允許他們在耶路撒冷重建聖殿，復興猶太教。不願返回的仍可留在巴比倫。猶太人首批回國者約有四萬人。

到公元前五一六年，返回耶路撒冷的人和留在當地的極少數猶太人聯合起來，歷經二十年，重建聖殿的工程才竣工，史稱「第二聖殿」。但它的規模和豪華程度遠遜於所羅門的「第一聖殿」。

公元前四四五年，波斯宮廷內的猶太裔官員尼希米被任命為猶太省省長，且返回耶路撒冷，按祭司對猶太教教義、教規的觀點，整頓當地的猶太自治社團。

「大流散」的歷史是猶太民族遭受磨難，歷經艱辛的歷史，也是猶太民族的民族意識經歷磨煉的歷史。

在「大流散」的歷史中，猶太民族熬過了一個個充滿辛酸和屈辱的漫漫長夜，歷經摧殘而不變，成為一隻振翅於黎明中，經過火浴的鳳凰。

猶太民族之所以沒有在艱難中消逝，主要在於藉由宗教的超然性，保持了自身民族的獨立性，由民族的忠誠性，又促進了宗教的堅定性。這正是猶太人傑出智慧的體現。

4 精神領袖的力量

所羅門王去世後，希伯來王國分裂成北朝以色列和南朝猶太國。內部傾軋、外敵蹂躪，信仰危機日趨一日地加劇了兩個王國的衰敗。

在民族危機與日俱增之際，自公元前八世紀中葉起，一批「先知」登上猶太政治舞台，展開了一場影響深遠的先知運動。

由此開始了猶太教歷史上偉大的「先知時代」。

什麼是「先知」？

「先知」是上帝耶和華在猶太人當中選出來傳達他的意志之人。在猶太人眼中，先知的一切話語皆真實無誤。摩西是最偉大的先知，其預言是真實的。

先知之中，有許多是偉大的詩人，但又遠遠超出於詩人。

他們之中有些人能言善辯，但又不僅僅是雄辯的演說家。

他們都有一個共同點：敢於堅持他們所認定的真理。

雖然他們之中很多人胸懷狹隘，完全不能容忍任何不同的意見，但他們堅持自己的信仰，遇到原則問題，敢於犧牲一切，包括自己的生命在內。

先知們具有超凡的毅力與智力，能預見到即將發生的一切。他們警告那些面臨災禍的人，如果他們一再堅持違背上帝的教導，將會有何等災難降臨到他們身上。先知們富有追求正義與真理的激情，經常毫無畏懼地向國王或君王傳達上帝的旨意，要求他們服從上帝啟示給摩西的律法。

在猶太社會中，任何時候，任何人背離了至聖的中心理念，先知就會傳達上帝的意旨，教誨或警告犯罪者。即使對國王也不例外。

在猶太人二千多年的流散中，他們之所以能保持高度的民族同一性，關鍵正在於先知的思想著作中閃現著民族的良知。這不僅促進了猶太教的鞏固和發展，而且使猶太人的生活有了規範，甚至對全人類也做出了很重要的貢獻。

先知中最偉大和最傑出的代表有：阿摩司、以賽亞、何西阿和彌迦。

先知的代表人物都從同一個基本觀念出發——只有一個上帝，一個惟一的創世主，一個非神話、非魔術的神——一個不屈從於命運和不受任何約束的最高意志。

他們堅信必須維護和傳播自己的信仰，要求猶太百姓遵守道德戒律。他們向猶太人傳達上帝的預言和旨意：猶太民族將遭受亡國和流放之苦，但上帝不會忘記他的特選子民，歷經苦難的猶太民族最終會回到上帝對他們應許之地，建立自己的國家。猶太人必須固守這一信念，否則就不可能獲得拯救。

儘管先知們經歷了不同時期的猶太社會之動盪，每個人看到了不同的歷史事件，但他們都超越了各自的時代和歷史事件，構築了共同的宗教原則和倫理規範。這對猶太民族的信仰具有永恆的意義。

先知們運用自己的智慧鞭撻又啟迪猶太民族，使他們散而不亡，生生不息，並由此形成了他們的信仰之源。

5 統一信仰的古老信條

摩西率領衣衫襤褸的猶太人穿越西奈沙漠，艱難行進，面臨飢餓、乾渴、疾病、勞累及強敵追襲的威脅，不少人為此懷念起在埃及雖被奴役但還能維持生存的生活。加之他們多年間在埃及受到多神信仰的潛移默化，尊奉唯一神之信仰遂發生動搖，以致途中摩西上西奈山時，不少人乘機進行偶像崇拜。為此，摩西不得不在西奈沙漠中停止行進，假托耶和華之命，對離經叛道的人發動了一場「清教運動」，以統一精神信仰。他聲稱耶和華在西奈山向他傳授了十條誡律，作為耶和華與猶太人訂立的約法。這十條誡律被刻在石板上，即著名的「摩西十誡」——

一、除了耶和華之外，不可信仰別的神。

二、不可為自己製作和崇拜任何偶像。

三、不可妄稱耶和華的尊名。

四、當守安息日為聖日。前六天做工，第七天歇息，任何工作都不能做。
五、孝敬父母者，福壽長久。
六、不可殺人。
七、不可姦淫。
八、不可偷盜。
九、不可作偽證陷害人。
十、不可貪取他人的一切。

摩西讓猶太人的十二個部落在西奈山下設立祭壇，宰殺牛羊，將牲畜的血一半倒在盆中，一半灑在壇上，進行立約儀式，創立了人類最早的一神教——猶太教。「摩西十誡」不僅成為猶太教的基本教義，也是人類最早的律法，並在相當程度上影響了後來的基督教和伊斯蘭教。另外，摩西還採納了岳父葉忒羅的建議，把猶太人分別組成千人、百人、五十人和十人各級規模不等的行政單位，選擇賢者出任千夫長、百夫長，為各級行政首腦，結束了希伯來各部落混亂無序的狀態。

摩西為爭取猶太民族的獨立、自由，在確立猶太人統一的宗教信仰這個基礎上開創了猶太民族形成的歷史進程，成為千百年來猶太民族所尊敬、仰慕的第一人。

6 加強民族信仰的營養

千百年間，迦南地區之所以受強鄰奪掠，最主要的因素是它地處亞歐非三大洲的交通要衝。從古埃及到公元二世紀，除希伯來王國時期的短暫興盛外，猶太人一直處於周圍列強和異族的攻掠、奴役和蹂躪之下。

之所以說猶太民族不凡，是因其在浪跡天涯的過程中，能吸收異族的精華，發展了超民族的精神觀念，逐步將對民族幸福的追求昇華為對大同世界的嚮往。

最初滅亡猶太王國的新巴比倫王國是一個文明程度極高的國家，新巴比倫獨特的思想體系和生活方式對猶太民族的文明發展發生了極為重大而深遠的影響，並造成猶太人的第一次大流散。在猶太民族飽受異族欺凌的過程中，他們也從異族文化中吸取了有益的營養。

猶太人雖淪為他族的囚虜，但無時無刻不在思念耶路撒冷，盼望著有朝一日能夠重返故國。

終於，波斯大帝居魯士為了防止埃及和希臘東侵，很快下令釋放在囚的猶太人重返家園。

由於猶太教有利於波斯帝國的統治，因而得到居魯士的大力扶植。波斯拜火教的一神崇拜及末日審判、善惡交戰、天堂地獄等觀念，使猶太教獲得新的營養，走向新的發展與完善。

猶太人返回家園之後，重建了被巴比倫人所摧毀的聖城耶路撒冷和聖殿，還仿效波斯教祭司的教制，建立了以學士為主體的祭司階層，形成猶太宗教史上最典型的政教合一的實體。這種祭司階層擁有很高的政治、經濟特權，是猶太人民的直接統治者。

著名的大祭司、猶太地區省長尼布米按祭司的觀點，對猶太教教義、教規做了重新修改和整理，並進行多種純化猶太民族的改革，如禁止猶太人與外族通婚等。

公元前三三一年，希臘馬其頓王亞歷山大率領東征軍佔領波斯首都蘇撒，滅了波斯帝國，迦南地區也隨之成為亞歷山大帝國的一部分。亞歷山大王幼時曾師從希臘著名的哲學家亞里士多德。為此，猶太民族又被捲人「希臘化」狂潮，並造成猶太歷史上的第二次大流散。亞歷山大死後不久，帝國就四分五裂，猶太民族生活的迦南地區，不到二十年七次易主，最後被劃入自稱埃及王的托勒密的版圖。

在這個希臘化時代，無論已經流散於南歐、北非和西亞各地的猶太人，還是依然留居於巴勒斯坦的猶太人，其物質和精神生活的方方面面都自覺或不自覺地受到希臘文明的浸染。公元前三世紀，希伯來語逐漸退化成一種主要用於祈禱和經書的宗教語言，希臘語則為越來越多的猶太人所接受、使用，並出現了一批希伯來思想和希臘精神相結合的作品。

在托勒密王朝統治期間，猶太人開始大規模定居埃及，其中既包括被迫遷居的猶太戰俘、奴隸、僱傭兵及其家屬，也有出於各種原因而寓居的猶太工匠、商人、祭司和學者。到公元一世紀時，全埃及已有猶太人近一百萬。總體來說，托勒密王朝在積極推廣希臘文明的同時，對猶太人還是採取一種比較寬容的政策，也尊重猶太人的傳統文化和信仰。托勒密二世在位時，大部分猶太奴隸成為自由人；托勒密三世視察耶路撒冷時，還曾到第二聖殿向耶和華獻祭。猶太人不僅在宗教事務中享有充分的自由，在整個社會文化生活中也擁有廣泛的自治權。

一方面，猶太人獨特的宗教信仰對眾多非猶太人顯示出相當大的魅力，從而出現了一個聲勢浩大的皈依猶太教浪潮。由於猶太人漂泊異鄉，與異族、異教者混居雜處，以往的宗教隔絕狀態已有所緩和，往昔曾是猶太人的部落神，繼而成為民族神的耶和華逐漸超越民族壁壘，為非猶太人信徒、即所謂的改宗者所敬奉，他們同樣領受割禮。

另一方面，許多散居異鄉、主要是埃及的猶太人在堅持其傳統宗教信仰的同時，非常熱心學習、掌握希臘語，熟讀、研究各種希臘著作，吸收希臘人的思想觀念和思維方法，並建立希臘式的露天體育館、健身館和戲院，模仿希臘人的生活方式。尤其是在地中海商業交通中心的亞歷山大城，東西方文化的匯合達到最典型的體現。這座港口城市既是托勒密王朝的首都和希臘文明的傳播中心，建有收藏豐富的博物館和圖書館，也是當時世界上猶太人口最集中的社區。當地猶太人在此種背景薰陶下，結合本民族的文化傳統，創造了一種兼具猶太和希臘特徵的獨特文化。這種文化不僅影響了古猶太哲學，對早期的基督教也起過相當大的作用。猶太教希伯來聖經最早的希臘文譯著——《七十子希臘文譯本》，即是這種猶太—希臘文化的光輝結晶。

據傳說，公元前三世紀，托勒密二世為能在著名的亞歷山大圖書館收藏希伯來聖經譯本，特地邀請巴勒斯坦猶太各部落72名博學之士前來亞歷山大譯經。他們各居一室，互不聯繫，但在神靈啟示下，成功地完成了這部首尾一致的龐大譯著。不過，這只是引人入勝的傳說。事實上，這部譯作工作十分艱巨，是由許多通曉希伯來文和希臘文的猶太文人在持續近百年的時間裡集體完成的工程，決非世俗所傳，由72個學者在短期內所完成的。

從譯文語言上看，《摩西五經》完成於托勒密二世在位的公元前三世紀上半葉，而先知書、文集部分的翻譯則要到公元前二世紀、甚至更晚的時候才告終。

公元前一九八年，猶太人再次易主，為塞琉古王朝所統治。

公元前一六七年，安條克四世決意制伏那些頑強抵制希臘文化的巴勒斯坦猶太人。他派遣阿波羅尼率領一支僱傭軍，再次進犯耶路撒冷，燒殺擄掠，拆除城垣。而後在聖殿北面築起高牆和堅固的塔樓，建成一座城堡，派駐重兵。這座名叫阿克拉的城堡構成了對耶路撒冷猶太人的嚴重威脅。在廣大猶太人心目中，它是異族統治的恥辱和象徵。

安條克四世認為，猶太人拒絕接受希臘文化的根源就在於他們所嚴格遵從的猶太教，他於是決心連根鏟除這個「低微而怪異的小宗教」。他發布敕令：禁止行割禮，不可守安息日，處死收藏《托拉》經典者；聖殿用來改拜奧林匹斯之神宙斯，其祭壇可用各種不潔之物供奉異族神祇。

猶太人被迫參加每年一月舉行的慶祝國王誕辰的獻祭儀式。有兩位猶太婦女因給其嬰兒行割禮而遭到遊街示眾的懲罰。她們胸前吊著嬰兒，隨後被人從城牆上推下。還有一批猶太人聚集在耶路撒冷附近的一個山洞裡祕密守著安息日，被獲悉的安條克軍隊活活燒死。

雖然猶太民族在此之前曾多次遭受異族攻擊，但他們的宗教活動尚未被禁止過。現在安條克四世剝奪了他們的信仰，褻瀆了他們的宗教，用希臘文化取代古老的猶太文明，在廣大猶太人看來，這不啻最大的侮辱和罪惡，再加上塞琉古王朝的苛捐雜稅，猶太人已到了火山的爆發口。

有史以來，猶太人第一次僅僅由於信奉本民族的宗教而面臨絕境。但殘酷的暴行並沒有使猶太人滅絕，反而加強了猶太民族的信仰。

7 心靈不死的指引者

在猶太人心目中，拉比就是聖言的傾聽者，是代表上帝向世人宣傳聖言的使者，守護猶太教的功臣，猶太人心靈不死的指引者。

拉比是擔任猶太社團或猶太教會的精神領袖或在猶太經學院傳授猶太教教義的導師。在歷史上，拉比不是一群一直聽到上帝「呼喚」的人，而是不斷深入研究猶太教著作，並已獲得足夠知識的學者。他們可以回答普通猶太人為過完美生活所提出的許多問題，其職責主要是傳授猶太教經典，闡述猶太教教義如何應用於日常生活。拉比的職責包括主持猶太教會堂的宗教活動、禮拜儀式、布道、引導討論、為求教者提供諮詢、解釋猶太教具體信條的含義，負責猶太兒童宗教學校的教學和管理，參加並主持猶太人的割禮、為嬰兒命名禮、成年禮、婚禮、喪禮和葬禮，規勸和撫慰教徒。此外，拉比們還引導猶太人社團從事各種各樣的事務，指導宗教學校和其它猶太機構。

在羅馬帝國統治猶太人的時期，為了毀滅猶太民族，羅馬統治者想盡了各種方法，無所不用其極。他們或封鎖學校，或禁止做禮拜，或焚燒書籍，或禁止猶太人的各項慶典，但最終目的是禁止培養拉比。

羅馬帝國的統治者曾發出布告：任何參加拉比的任命儀式者，無論是任命的一方或被任命的一方，都將被處以死刑，舉行這種儀式的都市城鎮也將遭到毀滅。

在各種壓迫手段之中，這無疑是羅馬人所採取的最殘忍的一項措施。即使身為拉比的人不惜犧牲生命，他們也不願背負傷害同胞生命的責任，所以這項措施一時頗收恐嚇之效。對於猶太人而言，沒有拉比，社會即告瓦解，停止運轉。因為拉比是猶太人精神上的領航者，代表猶太社會中的一切權威。沒有了精神的牽引者，沒有了社會事務的解決人，即意味著猶太民族將從世界上消失。

萬幸的是，有一位出色的拉比看破了羅馬人這項惡毒的措施。他率領他最賞識的五名弟子溜出城鎮，走進大山中的無人地帶。在這樣的地方，比較可能避免被羅馬人捉住；即使被羅馬人捉住，也只有自己受刑，不會牽連到整座城鎮的同胞。

這位傑出的拉比與眾弟子在距城鎮約兩公里處停下。老拉比為他的五名弟子舉行了拉比任命儀式。很不幸，羅馬人聽到了風聲，派出軍隊前來抓捕他們。

老拉比說：「我已經完成我的使命，死而無憾。但你們必須盡快逃走，因為我們需要有人繼續承擔起拉比的任務！」

五名弟子非常清楚肩上的責任，於是迅速奔逸，安全逃離了抓捕。年邁的老拉比落到羅馬人手中，惱怒的羅馬人砍了他幾百刀。老拉比死了，但那五名年輕的新拉比開始了新的鬥爭。老拉比雖死，猶太民族的精神支柱則屹立不倒。

在猶太人心目中，最受人尊敬的拉比是雅基巴。他是一位為國家、為道義而捐軀的民族英雄。雅基巴出生於巴勒斯坦，出身寒微，替一位家財萬貫的大富翁幹活。後來，他愛上主人的女兒拉結。兩人不顧家庭的阻撓與反對，結為伴侶。富翁暴怒之下，與女兒斷絕了關係。

雅基巴在四十歲之前，是個目不識丁的牧羊人。但到了四十歲，他在井邊看見水滴石穿，刻鏤成型，從中悟出了日日不廢則至柔之水可破至堅之石的道理，遂決心日日學習。在妻子拉結支持下，他在雅烏內猶太經學院苦學。

經過十二個寒暑的潛心苦讀，雅基巴終於成為學者，贏得當時人們的推崇與愛戴，並且承擔了《塔木德》最初的編輯工作。

他研究過醫學及天文學，通曉數國語言，學問廣博而精深，而且曾以猶太人精神領袖的身分，多次陪伴「納西」或「長老」前往羅馬，與哈德良皇帝進行交涉。公元一三二年，為反抗羅馬暴政，脫離羅馬帝國的統治，猶太人揭竿而起。雅基巴的很多弟子都參加了這次起義。公元一三五年，起義遭到鎮壓，很多猶太人被殺。羅馬統治者為了徹底消除猶太民族的精神信仰，禁止進行猶太教活動。雅基巴不顧羅馬當結的禁令，繼續講學，並對他的猶太同胞講了這樣一則寓意深遠的故事——

有一隻狐狸在小河邊漫步，發現河中有一條魚驚慌不安地游來游去。狐狸感到很奇怪，便問道：「魚兒，你為什麼如此不安？」

魚兒回答：「我擔心隨時會遭到網子的撈捕呀！」

狐狸說：「既然你害怕網子，那麼你到岸上來吧！來陸地上，我會保護你，你就不用再擔驚受怕了！」

魚兒聽了，冷笑道：「狐狸呀，人人都誇你聰明絕頂，在我看來，你實在愚不可及。在我們習慣已久的水裡都必須承擔被捕的風險，若是到了陸上，我們將會遭到何種危機，難道你不明白嗎？」

對猶太人來說，信仰便如同水，離開水而上岸，惟有死路一條。無論遭到何等壓迫，猶太人都不能離棄民族信仰。這便是雅基巴至死仍奉守不渝的主張。

不久，雅基巴被捕入獄，並很快押往羅馬。為了洩恨，羅馬帝國統治者決定對他處以嚴酷的烤刑，讓他在極度痛苦中慢慢死去。

由於雅基巴是猶太人的領袖，所以行刑當天，羅馬司令官也親臨刑場。當時旭日東升，正是做晨禱的時刻。這位偉大的拉比在被燒紅的鐵塊炙烤全身之時，仍不忘虔誠而平靜地進行祈禱。羅馬司令官看到此情此景，驚訝地問道：「你現在身受如此痛楚的極刑，竟然還不忘祈禱？」

雅基巴回答：「我愛神，所以我絕不錯失任何一次與神交流的機會。尤其是現在，當我即將被殺之際，我十分喜悅地發現我是如此忠誠地敬愛著神，至死仍能與神交流，我的生命將無所遺憾。」

雅基巴英勇就義，猶太教視之為殉教者。猶太人讚頌他：「要是沒有雅基巴，《托拉》早就被以色列遺忘了。」

8 迎合潮流的民族觀念

猶太人在艱難困苦中，不僅沒有被打垮擊潰，反而以巨大的向心力，一步一步向前邁進。為此，他們不僅沒有落後於時代，而且更是走在世人的前頭。這也許就是猶太思想能夠征服世界的緣故。

猶太人離開了巴勒斯坦之後，開始了為期一千八百多年的世界性大離散，先後星星點點地散居於小亞細亞、阿拉伯半島、埃及、意大利、西班牙、法國、英國及德國等國家和地區，過著寄人籬下的生活。

特別是在中世紀的西歐，猶太教徒的處境極為悲慘。在當時的歐洲，基督教會佔據絕對的統治地位，竭力逼迫「異教徒」改宗。在「改宗或死亡」的威脅下，許多猶太人被迫改信基督教。但不少改宗者仍暗中信奉猶太教。不過，一旦被查出，就會遭異端裁判所隔離、驅逐或屠殺。在十字軍東征時期，基督教徒甚至可以在街上任意殺死猶太教徒，而不受任何懲治。

從十三世紀起，猶太人被迫大量遷徙到中歐和東歐各國。到十八世紀法國大革命之後，猶太人在歐洲的處境才有了些許改變。

日益加劇的迫害使猶太人越來越渴求脫離現實，從而使猶太教徒生存與維繫的觀念發生了變化。從十九世紀以後，近代猶太教逐漸從觀念上分為正統派、改革派和保守派等三大派別。

「正統派」的主要代表是拉比參孫．拉菲爾．赫爾許及以色列．希爾德夏默。他們看到了現代科學文化的巨大能量與遠大前途，於是大力主張把它們綜合容納進來。但他們仍堅持猶太教的信仰與傳統，毫不猶豫地認定傳統猶太教教義、條例不能更改，否則即視為異端，教徒應對拉比法庭依據猶太律法所做的裁決惟命是從。

在正統派內部，教徒按照猶太教規定，自己開辦學校，教育自己的孩子，使他們從小即接受猶太教的各種禮儀、戒律及經典，以免遭致異族文化和宗教信仰的侵蝕。無論安息日還是一切聖日，他們都嚴守教規，不乘坐車輛。在會堂裡也嚴守男女分坐的規定。

正統派中的「哈西迪派」是一個神祕主義教派，他們堅持認為救世主彌賽亞自天而降是猶太人的惟一希望，反對搞各種形式的猶太復國主義。他們獨善其身，很少與其他派別的猶太人交往。男人們蓄著大鬍鬚，穿黑色外套，戴黑色寬沿帽，無論穿著、舉止，都不允許有一絲馬虎。

「改革派」正好與正統派形成鮮明的對比。他們繼承了猶太啟蒙運動的思想，主張消除任何使猶太人與眾不同的地方，催促猶太人從孤立的陰影中走出來，融入世界民族之林。他們認為猶太人並非一個獨立的民族，猶太人之間的關係僅僅限於共同信仰猶太教而已，所以猶太人不應當去追尋獨特的猶太民族國家或獨特的猶太文化；猶太教也僅僅是一種宗教而已，不應當成為人們一切行為的準則，使人們的舉手投足都受到教規的各種限制。

改革派的觀念在東歐、德國的猶太人當中毫無市場，在美國等一些較為寬容的移民國家則比較盛行。但二戰時期，因納粹殘酷屠殺猶太人這場血的教訓，致溫和的改革派也轉變了態度，強使地支付以色列建國，期能使猶太人擁有一個真正屬於自己的容身家園。

「保守派」教徒主張將猶太宗教與猶太文化、猶太民族主義融為一體，並積極支持猶太復國主義。他們嚴守猶太教割禮與飲食禁忌，對於其它律法與傳統禮儀則原則上接受，在實際運用中頗為靈活。

保守派的理論觀點是：猶太教是一種不斷演進的宗教文化。它並不簡簡單單地是猶太人生活中的一個孤立部分，而是既為宗教，也是文化，是猶太民族的主要標誌。猶太宗教與猶太民族主義是不可分割的統一體，猶太人可通過民族主義之途，回歸猶太教信仰的懷抱，一個猶太民族家園將成為猶太教的精神中心及文化、宗教創造力和生命力的源泉。希伯來語是猶太人生活中所不可缺的要素；一個沒有歷史語言和自身文學的民族只能算是一座吉普賽人大營。

猶太民族之所以能屹立於世界優秀民族之林，與這種迎合時代的多元化，不斷進取的思想密切相關。

Lesson 10

幽默智慧

猶太人雖然處於漫長而艱辛的漂泊中，但總能保持一種達觀的生活態度。充滿機智、諷刺、歡笑和道德的幽默，已經成為他們驅散生活苦難的良藥。而且，他們在笑聲中仍會不斷反躬自省。

1 上帝的代理人

有一對猶太老夫妻，他們很窮，時不時地還挨餓。最後實在無計可施，老頭兒對妻子說：「老伴兒，咱們給上帝寫封信吧！」

於是，他們坐下來給上帝寫信，求他幫忙。寫好了信，他們簽上名，寫上地址，然後仔細封好。

「我們怎樣才能把這封信寄到上帝那裡呢？」老婦人不放心地問。

「上帝無所不在！」老頭兒回答：「我們的信無論用什麼方法寄，他都一定能收到。」

就這樣，他走出門去，把信一扔，風就順勢沿著大街吹遠了。

這時，碰巧有一個好心的富人出門散步，風把信吹到他的面前。他好奇地撿起信，打開讀了讀，被信裡老夫婦的虔誠和天真感動了，非常同情他們當前的悲慘處境。他決定幫助他們。一會兒之後，他按照信上的地址，敲響了那對老夫婦的門。

「納特先生住在這兒嗎？」他問道。

「我就是納特。」老頭兒回答。

富人朝他笑了笑。

「我有點事要告訴你。」他說：「幾分鐘前，上帝收到你的信。我是他在白俄羅斯地區的代理人，他叫我給你送來一百盧布。」

「你瞧怎麼樣，老伴兒？」老頭兒高興地大聲說：「上帝收到我們的信了！」

老夫婦收下了錢，對上帝在白俄羅斯的代理人千恩萬謝。

可是，當那位先生離去之後，老頭兒滿腹狐疑。

「現在你又在想什麼？」他的妻子問道。

「我很懷疑，老伴兒！」老頭兒若有所思地說：「那個代理人看上去一點都不誠實，他可能同我們耍了滑頭。你知道代理人是怎麼回事嗎？是從中收錢的人。很可能上帝給了他兩百盧布，讓他交給我們，可是他留下一半給自己做佣金了。」

2 拉比的學問

有三個猶太人合夥出錢，花了二千七百盧布買了十七匹馬。一個人出了一半錢，一個人出了三分之一，第三個人出了九分之一。但是，到了分馬的時候，他們不知道該怎麼分了。他們來到拉比面前。

「讓我先想一夜。」他告訴他們：「明天一早，你們把馬牽來。」

到了第二天早晨，三個合夥人把他們的馬牽來了。拉比從他的馬廄裡牽出一匹他自己的馬。

「現在這兒有十八匹馬。你，出了一半錢，給你九匹。你，出了三分之一，給你六匹。你出了九分之一，給你兩匹。你們的馬加起來，正好是十七匹。」

然後，拉比把他自己的那匹馬牽回馬廄，又研究他的法典去了。

3 便宜的酒

約瑟和曼達是一個小村莊酒舖的合夥人。這一天，他們賣完存貨，便一起驅車去城裡買了一桶威士忌。

在回家的路上，天氣漸漸冷起來，還刮起了大風。兩個人互相開玩笑，說對方想喝威士忌。但要真那樣做，可就是個嚴重的問題。事前當他們裝酒的時候就曾嚴格地約定，誰也不能先喝一口，因為那是他們一週的生活來源。

約瑟是個聰明的傢伙。他翻了翻口袋，找到了五毛錢，然後對曼達說：「給你五毛錢，從你那一份酒裡賣給我一點兒喝。」

曼達是個生意人，他回答道：「既然你付現金，那我自然要賣給你。」

於是，他舀了一杯酒給約瑟。

約瑟喝了酒以後不久，暖和起來，而且變得很興奮。而曼達的鼻子因為冷而變得更青了。他真嫉妒該死的約瑟，能那麼幸運地找到五毛錢！

突然，他碰到了口袋裡的那枚五毛硬幣。

「現在這錢可是我的啦！」他自言自語道：「為什麼我不能拿它買酒喝呢？」

於是，他拿出五毛錢，對約瑟說：「約瑟，給你五毛錢，從你的那一份裡給我倒點兒酒喝。」

約瑟應聲道：「有現金就行。」

他給曼達舀了一杯酒，收回了他那五毛錢硬幣。

就這樣，約瑟和曼達用那惟一的五毛錢互相買酒，你一杯我一杯，喝了一路。

等他們回到酒鋪時，兩個人都喝得醉醺醺的了。

「真是個奇蹟啊！」約瑟嚷道：「想想看，整整一桶威士忌才花了五毛錢！」

4 鄰居的榜樣

從前有一個呆子，他決定好好操辦一下即將來臨的逾越節家宴。可他又不知道怎樣操辦才好。於是他求助於他的老婆，叫她梳妝打扮好，穿過草坪，到隔壁鄰居列文家去打探消息，看看人家是如何操辦的。

「你要好好觀察他在幹什麼，」他說：「然後回來告訴我。我們也跟他們一模一樣地做。」

他老婆梳妝打扮完畢，離開家。不到十分鐘，她回來了。一進門，二話不說，把衣服脫得光光，就在沙發上躺下來。

「你在幹什麼？」丈夫對她喊道：「你瘋了嗎？」

「是你說的，列文家在做什麼，我就做什麼。」他老婆說：「列文太太在他家就是這副德性啊！」

5 謊言的力量

在塔諾普爾城住著一個叫費威爾的人。

有一天，他正坐在屋子裡認真地閱讀《塔木德》，忽然聽到外邊一陣嘈雜聲。他走到窗前，看到一大群孩子在玩。他想把他們趕走，於是打開窗子，對孩子們說：「孩子們，快到教堂去吧！你們在那兒會看見一隻海怪。牠有五隻腳，三隻眼睛，還有山羊般的鬍子，不過是綠色的！」

孩子們一聽這話，都跑了。費威爾先生回到書房，一想到剛才對那些孩子編的瞎話，不禁偷偷地發笑。

可是，不久，他書房的寧靜又被打破了。這回是一陣奔跑的腳步聲。他走到窗前，看見許多猶太人在跑。

「你們往哪裡跑？」他大聲地問。

「去教堂！」猶太人回答：「你沒聽說嗎？那兒有一隻海怪，有五隻腳，三隻眼睛，還有山羊般的鬍子，不過是綠色的！」

費威爾先生得意地笑了笑，又回去讀自己的經書了。

他才剛剛坐穩，又聽到外面一陣喧鬧聲。他往窗外一望——不得了啦！一大群人，男男女女，老老少少，全往教堂的方向跑。

「出了什麼事啦？」他大聲問道。

「天哪！怎麼，你還不知道嗎？」他們回答：「就在教堂前面，有一隻海怪。牠有五隻腳，三隻眼睛，還有山羊般的鬍子，不過是綠色的！」

人們匆匆跑過。費威爾先生忽然注意到拉比本人也在人群當中。

「天哪！」他喊道：「要是拉比本人也和他們一塊兒跑，一定是出了什麼事啦！無風不起浪哪！」

費威爾先生不假思索地抓起帽子戴上，離開了家門，也跟著跑了起來。

「出了什麼事呢？」他一邊自言自語地問，一邊氣喘吁吁地朝教堂跑去。

6 美中不足

在一列火車車廂裡，坐著一位猶太老人。他的對面坐著一位德國上校軍官，帶著一條狗。那個上校很瞧不起猶太人，每次和他的狗說話，都公然喊牠「揚克」。誰都知道，那是猶太人最常用的名字。老頭聽了裝沒聽見，什麼也沒說。

「真可惜，那隻狗取了個猶太名字！」

過了一會兒，老頭兒忽然喃喃自語道。

「這話怎講？」上校問道。

「取了這麼個名字，牠就沒什麼指望了。」猶太老人回答：「這真是美中不足。要是不叫這個名字，說不定還能在軍隊裡混個上校來當呢！」

7 拿破崙的心情

在拿破崙從俄國潰逃時，路過一個猶太村莊。四面都被包圍了，他無路可走，只好鑽進一家猶太裁縫店。

他聲音顫抖地懇求道：「快將我藏起來！要是俄軍發現我，會殺死我的。」

儘管小裁縫不知來者何人，仍對他深表同情，於是對他說：「躺到那張毛皮床上面去，別出聲。」

拿破崙躺下後，裁縫在他身上蓋了一層又一層的毛皮褥子。不久，門被撞開了，兩個手裡拿著長矛的俄國士兵闖了進來。

「有沒有人藏在你這裡？」他們厲聲問道。

「我這個地方哪兒能藏住一個人呢？」裁縫答道。

士兵搜遍了每個角落，毫無結果。臨走前，他們隨便用長矛戳了戳毛褥。

士兵離去之後，拿破崙從毛褥裡爬出來，面如死灰，滿頭大汗。他對裁縫說：「我告訴你，我是拿破崙皇帝。為了報答你的救命之恩，我可以滿足你三個要求。你說吧，什麼都行。」

小裁縫想了一會兒，說：「陛下，我的屋頂年年夏天漏雨，我又沒錢去修，您發發善心，幫我修一下吧。」

「真是個傻瓜！」拿破崙不耐煩地說：「這就是你向最偉大的皇帝提出的要求嗎？算了吧！我就負責幫你修好屋頂。現在你可以說出第二個要求了。這次你可要認真一點！」

小裁縫搔了搔腦門，一時想不起來有什麼要求。突然，一個念頭來到心間。「幾個月前，另一個裁縫在街對面開了一家舖子，搶了我的生意。要是不麻煩的話，您讓他另找個地方。」

「真是個笨蛋！」拿破崙蔑視地說：「好吧！我會叫你的對手下地獄的。現在你再想一個真正重要的要求。記住，這是你的最後一次機會了！」

裁縫皺起眉頭想了一會兒，最後臉上露出頑皮的神情。

「對不起，陛下！」他滿懷好奇地問道：「我很想知道，當俄國兵用長矛戮毛褥子的時候，您是什麼感覺？」

「蠢材！」拿破崙氣得暴跳如雷，「你竟敢向一個皇帝問這樣的問題，真是活膩了！等天一亮我就槍斃你！」

他說到做到，小裁縫被送進了監獄。

那天晚上，裁縫怎麼也睡不著。他不停地顫抖，哭泣，然後開始祈禱，乞求上帝帶給他安寧。

第二天清晨，他被帶出牢房，綁到一棵樹上。一隊士兵站在他的對面，用槍瞄準他。旁邊站著一個軍官，手裡拿著錶，等著發出射擊的命令。他舉起手，開始計數：「一——二——」還沒等他道出三，只見皇帝的侍衛騎著馬飛奔而來，邊跑邊喊：「不要開槍！」

那侍衛下馬走到裁縫跟前，對他說：「皇帝陛下赦免了你，還叫我給你捎來一張紙條。」

裁縫長長地舒了一口氣，打開紙條。只見拿破崙寫道：「你想知道當我藏在你家裡的毛褥下是什麼感覺嗎，現在你應該體會到了吧！」

8 每個人都有自己的天堂

從前，有一位學者，為人十分虔誠正直。而他的父親卻嗜酒如命，經常喝得醉醺醺地跌到臭水溝裡，是個遠近聞名的酒鬼。

兒子為父親的墮落覺得很不光彩，因為他深深愛著父親。他寧願自己去死，也不願看到父親出醜的樣子。

有一次，天下大雨，兒子去教堂做彌撒。路上，他看見一個醉鬼躺在臭水溝裡，渾身都濕透了。

一大群孩童圍在那醉鬼身邊，向他扔著泥巴和小石塊。

看到這個情景，他自言自語道：「我要是把父親帶到這兒來，讓他看看這個躺在水溝裡的醉鬼，他一定會感到羞愧，說不定以後就不會再酗酒了。」

於是，他回家接來了父親，帶他到醉鬼躺著的地方。

老人凝視了一會兒倒在地上的人，然後彎下腰對他說：「快告訴我，老兄，你在哪家酒店喝了這樣的好酒，讓你喝得爛醉如泥？」

「我不是為了這個才叫您來的，」兒子不高興地指責父親：「我只是想讓您知道一個醉鬼是怎麼不體面啊！您喝醉的時候也是這樣。我求您記住，以後再也不要喝酒了。」

「我的兒子，」父親說：「在我有生命中，再也找不到比喝酒更大的享受了。酒店就是我的天堂！所以，還是讓我去吧！」

9 獨立的小雞

有個猶太人帶著小雞在城裡走。納粹警察叫住他，問道：「你上哪兒去？」

「到商店裡買點玉米給小雞吃。」

「玉米？德國人在挨餓，你還用玉米餵雞！」他揍了猶太人一頓，然後走了。

過了幾分鐘，另一個警察叫住他：「你上哪兒去？」

「到商店買點小麥給小雞吃。」

「小麥？德國人在挨餓，你還用小麥餵雞！」於是他又被狠狠揍了一頓。

可憐的猶太人繼續往前走，他又碰上另一個警察：「你上哪兒去？」

「給小雞買點吃的。」

「哦！買什麼？」

「我不知道，我想給牠一點錢，看牠愛買什麼就買什麼。」

10 你說有多少

季辛吉參加美蘇戰略武器談判並簽署協議之後，立即在自己下塌的飯店舉行記者招待會。

會上，他透露道：「蘇聯每年大約有生產二五〇枚導彈的能力。」

「美國呢？」敏感的美聯社記者馬上接過話頭：「我們的導彈生產能力怎樣？核潛艇又有多少？」

「很抱歉！我不知道美國每年生產導彈的枚數。」季辛吉答道：「核潛艇的數目我倒是清楚，但我不知道它是不是屬於保密等級。」

「不屬於保密等級！」那記者又立刻說。

「不屬於嗎？」季辛吉微笑著說：「那好，你說，有多少呢？」

11 他們說的都是謠傳

洛克菲勒一生中至少賺了十億美元。但他深知，過多的財富會給子孫帶來麻煩。所以，他一生中捐出的美元竟高達七・五億美元之多。

一天，在下班途中，一個陌生的過路人攔住了他，向他訴說自己的不幸，然後恭維他說：「洛克菲勒先生，我從二十里外步行來此找您，路上碰到的每一個人都說你是紐約最慷慨的大人物。」

洛克菲勒知道此人是在向他討錢。他非常不喜歡這種「募款」方式，但又不願使對方太難堪。想了一下，他說：「請問，過一會兒你是否還按原路回去？」

過路人立即回答：「是的。」

洛克菲勒巧妙地對他說：「那再好不過了。請您幫我一個忙，告訴剛剛碰到的每個人：他們說的都是謠傳。」

12 不好了！

有一個好脾氣的猶太法典學者，在他的妻子眼中，他不過是個傻瓜。除了專精於猶太法典之外，他總是丟三落四，找不到東西。

一個星期五的下午，他從外頭澡堂洗完澡回家。他的妻子吃驚地發現他竟然沒有穿襯衫。

「你的襯衫哪兒去了？」

「哦，襯衫？一定是有人在浴室裡把我的襯衫當成他的，拿錯了！」

「可他的襯衫呢？我看你可沒穿呀！」

「呀！」學者沉思道：「不好了，我可能把那人的襯衫給丟了！」

〈全書終〉

國家圖書館出版品預行編目資料

猶太人大智慧／林郁主編：初版
-- 新北市：新 Book House，2016.11
面；　公分
ISBN 978-986-93380-6-6（平裝）

1. 成功法　2. 修身　3. 猶太民族

177.2　　105016159

猶太人大智慧

林郁主編

〔出版者〕新 BOOK HOUSE
電話：(02) 8666-5711
傳真：(02) 8666-5833
E-mail：service@xcsbook.com.tw

〔總經銷〕聯合發行股份有限公司
新北市新店區寶橋路 235 巷 6 弄 6 號 2 樓
電話：(02) 2917-8022
傳真：(02) 2915-6275

印前作業　菩薩蠻數位文化有限公司

初版一刷　2016 年 11 月